TATSACHEN

NR. 33

»Was kein Geheimnis in sich birgt,
hat auch keinen Reiz mehr.«
Anatol France 1844–1924

Rainer Hohberg

Thüringer Sagengeheimnisse

TAUCHAER VERLAG

Hohberg, Rainer:
Thüringer Sagengeheimnisse / Rainer Hohberg
2. Aufl. – [Taucha]: Tauchaer Verlag 2008
ISBN 978-3-89772-134-0

Gestaltung: Hans-Jörg Sittauer
Herstellung: Neumann & Nürnberger Leipzig GmbH
Satz: XYZ-Satzstudio, Naumburg
Druck und Verarbeitung:
Westermann Druck Zwickau
Printed in Germany
ISBN 978-3-89772-134-0

Inhalt

Vorwort

Geschätzte Leserinnen und Leser!
Zwar gibt es den von Ludwig Bechstein beschriebenen Typ der sagenerzählenden Großmutter vermutlich nicht mehr, doch Sagen erfreuen sich nach wie vor großer Beliebtheit. Kaum ein Gästeführer lässt es sich entgehen, seine Ausführungen mit sagenhaften Episoden zu würzen. In nicht wenigen Thüringer Orten ist es wie in Buttelstedt bei Weimar, wo noch heute nahezu jeder Bewohner die für seinen Ort charakteristische Sage vom Riesenwetzstein kennt, sie als ein Stück heimatlicher Identität betrachtet und gern zum Besten gibt. Manch alte Überlieferung erweist sich als überraschend lebendig: Etwa die Nixensage von der im Büchensee bei Bad Salzungen versunkenen Kutsche, die mir im Ort kürzlich als Story von einem untergegangenen Panzer erzählt wurde.

Zu den Reizen dieser Geschichten gehört ihre besondere Mischung aus Wahrheit und Phantasie, aus Realem und Gespensterglauben. Doch während Sagen früher weitgehend geglaubt wurden, beschäftigt heutzutage mehr die Frage: Was ist wahr an Überlieferungen wie der vom »eingemauerten Kind auf Burg Liebenstein« oder der vom »Rosenwunder« der heiligen Elisabeth? Was steckt hinter gewalttätigen Riesen, verführerischen Nixen, in Seen versunkenen Schlössern? Solche Fragen werden mir, wenn ich Sagen erzähle, sehr häufig gestellt. Nicht nur von Kindern.

Aus diesem Grund habe ich mich auf eine Reise quer durch Thüringen begeben, um einigen Sagengeheimnissen auf die Spur zu kommen. Mein Handwerkszeug waren dabei nicht nur die Sagenliteratur sowie Forschungsergebnisse von Historikern und Archäologen, Volks- und Landeskundlern. Nicht weniger aufschlussreich waren Unterhaltungen mit Menschen aus der jeweiligen Region. Mitunter halfen außer Spürsinn und Intuition aber auch technische Hilfsmittel weiter, etwa das Teleobjektiv, mit dem ich das wahre Gesicht des als »Kranichfelder Leckarsch« verrufenen Steinbildes entdeckte. Ich habe mich sozusagen als Sagendetektiv betätigt, charakteristische Thüringer Sagen näher erkundet und erzähle hier die Geschichte, die jeweils »dahinter« steckt. Dabei zeigt sich, dass die realen Hintergründe mancher alten Überlieferung verblüffend und aufschlussreich sind – mitunter spannender als die Sage selbst.

Unerlässlich ist es für mich, bei der Betrachtung einer Sage den Ort der Handlung einzubeziehen. Ihn zu betreten, in Augenschein zu nehmen, anzufassen, zu erleben. Sei es nun eine Burgruine, ein seltsam geformter Hügel im Ackerland oder ein verwittertes Denkmal. Da scheint es mitunter, als hätten die ungewöhnlichen Vorgänge, die sich an diesem Ort einst ereigneten, neben den sichtbaren auch unsichtbare Spuren hinterlassen.

Viele Sagenorte haben so ihren unverwechselbaren Reiz. Deshalb sollten Sie, geschätzte Leserinnen und Leser, dieses Büchlein nicht nur als spannende Wohnzimmerlektüre betrachten, sondern auch als Anregung, sich selbst auf die Reise zu begeben. Eine Sage gibt ihr Geheimnis nie vollständig preis. Auch meine Sagengeschichten lassen so manche Frage offen. Vielleicht werden Sie vor Ort ja die eine oder andere Antwort finden.

Rainer Hohberg
Hummelshain, im Oktober 2006

Das versunkene Schloss von Wildprechtroda

Ein Erdfallsee, der noch immer die Sagen-Phantasie inspiriert

WANDERER, fragst du in Bad Salzungen nach dem Wildprechtrodaer Schloss, musst du dich auf mancherlei Antworten gefasst machen. Die einen weisen dich in den eingemeindeten Ortsteil Wildprechtroda, wo würdig das Schloss derer von Buttlar trohnt. Es kann aber auch passieren, dass dir jemand den Weg zum nahegelegenen Buchensee zeigt. Mit dem augenzwinkernden Tipp, dort sei ebenfalls ein Schloss zu finden, tief unter dem blanken Wasserspiegel. Es sei nur an besonderen Tagen und bei ganz bestimmtem Sonnenstand zu sehen. Und mit etwas Glück bekommst du obendrein erzählt, wie das Gemäuer einst in den See gekommen sein solle:

Es kamen zwei müde hungrige Wanderer und baten flehendlich um Einlaß und um Trank und Speise und ein geringes Nachtlager. Es ward ihnen aber mitnichten aufgetan, und mit Hohn und übeln Scheltworten wurden sie zurückgewiesen. Da verwünschten sie das Schloß, und es versank auf der Stelle, und an seine Stelle trat der kleine unergründliche See, welcher der Buchensee heißt. Es waren aber hier drei Fräulein in Schlosse gewesen, die hätten gern die Armen eingelassen, und hatten keinen Teil an der Härte und dem Hohn, womit jene abgewiesen wurden, gleichwohl versanken auch sie zusammt dem Schloß, aber es blieb ihnen vergönnt, alle Jahre einmal zur Wildprechtroder Kirmsezeit den Tanz zu besuchen, mußten aber jedesmal pünktlich vor 12 Uhr des Nachts zurückeilen. Ein Jäger aus Wildprechtrode sah sie einst auf seinem Heimweg von der Schnepfenjagd in ihrem altmodischen Wagen fahren, und erstaunte über ihre jugendliche Schönheit und das uralte Gefährts, meinte aber, die fremde Herrschaft wolle seine Herrschaft besuchen, und setzte sich, um schneller fortzukommen, hinten auf den Kutschentritt. Mit einem Male aber hörte er es rauschen und Wasser spritzte über ihm zusammen; geschwinde sprang er herab, und rettete sich mit Mühe. Der Wagen war in den Buchensee hineingefahren, und der Schnepfenjäger kam naß wie ein Pudel nach Hause. Nachher hat auch die drei Fräulein das Nixenlos ereilt, sie verspäteten sich einmal, wurden von ihren Tänzern zum Buchensee begleitet, und diese sahen, wie jene in den See sich stürzten und Blutstrahlen aus dem Wasser stiegen. Niemals kamen die Fräulein wieder zum Tanze.

So erzählte Ludwig Bechstein 1853 in seiner Sage »Die Salzunger Seen«. Zumindest in Teilen ist die Geschichte in Wildprechtroda noch heute bekannt und lebendig. Der kleine See gilt vielen Leute nach wie vor als »unheimlich« und »unergründlich«, und er scheint die Sagenphantasie immer wieder anzuregen. Sehr verblüffend war, was mir zwei siebenjährige Knirpse in Wildprechtroda erzählten. Auch sie wussten über die »abgesoffene Postkutsche« Bescheid, der Clou ihrer Geschichte war aber, dass auf dem Grund des Sees neben der Kutsche auch ein versunkener Panzer liege. Das wüssten sie ganz genau. Meine Nachfrage im Dorf ergab, dass der Buchensee in den 70er und 80er Jahren durch ein NVA-Regiment tatsächlich für Tauchübungen mit Panzerfahrzeugen genutzt wurde. Die betonierte Einfahrrampe am See ist noch vorhanden. Der versunkene Panzer sei aber wohl nur ein Gerücht.

Interessant auch, was ein älterer Herr aus Bad Salzungen berichtete. Von dieser Sage angeregt, hatte er als Jugendlicher mit einer primitiven Ausrüstung mehrere Tauchgänge ins tiefe und ziemlich klare Ge-

Der Buchensee gilt bis heute als »unheimlich« und »unergründlich«.

wässer des Sees unternommen. Etwas Schlossartiges war auf dem Seegrund nicht zu finden gewesen, aber doch verschiedene rostige Wagenteile. Wie sich herausstellte, stammten die aber nicht von der sagenhaften Kutsche der Schlossfräuleins, sondern von einem Jauchewagen, den böse Buben vom nahen Acker ins Wasser befördert hatten. Eine herbe Enttäuschung für den mutigen Taucher. Seither gilt dem Mann das »versunkene Schloss« lediglich als Sagenfiktion, als Spinnerei. Obwohl gerade dieser Teil der Geschichte erstaunliche Bezüge zur historischen Realität aufzuweisen hat.

Zunächst in Besitz der Herren von Frankenstein, geht das Dorf Wildprechtroda 1330 an die Grafen von Henneberg. Ein Berthold von Wildprechtroda verkauft den gleichnamigen Hof 1343 an das Kloster Herrenbreitungen. Den Ort erwerben schließlich die Familien von Buttlar und von Marschalk und teilen ihn unter sich auf. Der Herren gab es in dem Dörflein also viele und mitunter wohl auch das Stoßgebet der Untertanen, die Erde möge sie verschlingen. In einer 1864 von dem Salzunger Sagensammler Christian Ludwig Wucke überlieferten Variante dieser Sage ist die moralische Kritik weitaus deutlicher als in der Bechstein'schen. Da führt der Wildprechtrodaer Schlossherr ein »heillos liederliches Lebens« mit drei Frauen und lockt mit »teuflischen Verführungskünsten« die schönsten Jungen und Mädchen aus dem Dorf in seinen Sündenpfuhl. Die Bestrafung folgt auf dem Fuße. Unter Donnergrollen versinkt das Schloss in der Tiefe – eine naive dörfliche Inszenierung des

Jüngsten Gerichts. Beim Sagenerzählen wird wenigstens für ein paar Minuten Gerechtigkeit hergestellt.

Zum realen Hintergrund der Sage gehört weiterhin, dass in Wildprechtroda tatsächlich ein Schloss von der Bildfläche verschwunden sein muss. Urkundlich überliefert ist, dass die Adelsfamilien von Marschalk und von Buttlar, nachdem sie den Ort erworben und geteilt hatten, jede für sich einen Rittersitz errichteten. Die von Marschalk bauten den Rudolphshof, die von Buttlar das sogenannte Alte Schloss, eine Wasserburg, aus der das heutige Renaissance-Schloss hervorging. Von jenem Rudolphshof existiert hingegen keine Spur mehr. Aber die Nachricht davon, vielleicht mit düsteren Erinnerungen an einen übel verleumdeten Grundherren verbunden, kann einst durchaus Stoff für die dörflichen Erzählungen gegeben haben.

Warum aber hat die Sage das Schloss ausgerechnet im Buchensee versinken lassen? Auch dafür gibt es sachliche Gründe. Der Weiher verbirgt sich in einem Kessel mit steil abfallenden Hängen, seine Form ist nahezu kreisrund – eine merkwürdige Erscheinung schon auf den ersten Blick. Auffallende Ähnlichkeiten weist er mit anderen Gewässern der Bad Salzunger Region auf, etwa mit dem Burgsee oder dem Hautsee. Das sind allesamt sogenannte Einbruchstrichter. Durch Auslaugung der in dieser Gegend in der Tiefe lagernden Salzschichten bilden sich mitunter Hohlräume, die dann plötzlich einbrechen und sich rasch mit Wasser füllen können.

Durch ein derartiges geologisches Ereignis ist

einst auch der Buchensee entstanden. Solche Naturerscheinungen sind bis heute zu beobachten. Als es im Februar 2002 im nahegelegenen Tiefenort wieder einmal zu einem Erdfall kam, machten verwegene Gerüchte und Spekulationen die Runde. Wie aber mag der Mensch früher solche spektakulären Geschehnisse erlebt und verarbeitet haben? Möglicherweise als göttliches Zeichen, als Gottesgericht? Und beim Erzählen kommt bekanntlich eins zum anderen. Reale Dinge, die ursächlich nichts miteinander zu tun haben, verknüpfen sich: Erinnerungen an einen verschwundenen Rittersitz und Mutmaßungen über unbegreifliche Naturerscheinungen, Gerüchte über das ausschweifende Leben eines Schlossherren und die religiös fundierte Hoffnung auf höhere Gerechtigkeit. Möglicherweise war bei der Sagenbildung auch eine umgehende Wandersage mit im Spiel; das Motiv des versunkenen Schlosses oder auch versunkener Städte, Dörfer und Klöster ist ja weit verbreitet.

Bis ins letzte Detail wird sich nicht aufklären lassen, wie unsere Geschichte entstanden ist. Eine Sage gibt ihre Geheimnisse bekanntlich nie vollständig preis. Wer nach Wildprechtroda kommt, findet hier immerhin interessante Anhaltspunkte dafür, wie tief »Sagenfiktionen« in den realen Gegebenheiten eines Ortes verwurzelt sein können.

Sehenswert & sagenhaft

Buchensee bei Bad Salzungen,
OT Wildprechtroda (Wartburgkreis)
Schloss Wildprechtroda in der Ortsmitte

Das eingemauerte Kind auf Burg Liebenstein

DIE SAGE ERINNERT AN MITTELALTERLICHE BAUOPFERBRÄUCHE

ÜBER die Entstehung von Burg Liebenstein, deren bizarre Ruine sich über dem Kurstädtchen Bad Liebenstein im Wartburgkreis erhebt, fehlen gesicherte Erkenntnisse. 1360 belehnte der Thüringer Landgraf mit einer hier schon bestehenden Burgstätte die Herren von Stein. Diese bauten sie im Verlauf mehrerer Jahrzehnte zu ihrem Wohnsitz aus und siedelten 1386 von Burg Altenstein an diesen Ort. 1835 überlieferte Ludwig Bechstein eine eindrucksvolle Sage »Vom alten Schloß Liebenstein«, die von einem grausamen Menschenopfer beim Bau der Burg erzählt:

Von der Burgruine, die über dem freundlichen Badeort Liebenstein auf einem waldbewachsenen Berg liegt, gibt es mancherlei Sagen. Das Schloß gehörte einer Ritterfamilie, die sich Stein zum Liebenstein nannte. Es wird erzählt, daß man bei der Erbauung dieses Schlosses ein Kind mit eingemauert hat, um die Burg recht fest und unüberwindlich zu machen. Das Kindlein war von der eigenen Mutter um vieles Gold verkauft worden, aß beim Einmauern eine Semmel und rief, ohne sein Verderben zu ahnen, seiner Mutter zu: »Mutter, ich sehe dich noch!« – dann später: »Mutter, ich sehe dich nur noch ein wenig!« – und endlich, wie der letzte Stein eingefügt war, ganz kläglich: »Mutter, jetzt seh ich dich gar nicht mehr!« Bald darauf erfaßte die unmenschliche Mutter tiefe Reue und sie stürzte sich von dem Felsen. Als Geist umwandelt sie nun das alte Gemäuer, lauschte dem Gewimmer ihres Kindes und versucht, es mit ihren Nägeln aus der Mauer zu graben. Wie manche sagen, hört man das Kind nur alle sieben Jahre wimmern, und die Mauerer, die es eingemauert haben, sind in Eulen verwandelt worden, die schreien noch erbärmlicher als das Kind und müssen solange um die Trümmer fliegen als noch ein Stein auf dem andern steht.

Die Sage kann sich auf den Umbau im 14. Jahrhundert ebenso beziehen wie auf die ursprüngliche Erbauung der Burg. Wer die sorgsam restaurierte Burgruine heute besucht, findet allerdings keinerlei sichtbare Anhaltspunkte für das geschilderte Geschehen – mit Ausnahme der Eulen, denen man in dem mittelalterlichen Gemäuer tatsächlich begegnen kann. Aber kaum jemand, der die Geschichte hört, wird sie für bare Münze nehmen. Menschenopfer, wie sie von der Errichtung der berühmten Chinesischen Mauer vielfach überliefert sind, erscheinen uns eher glaubwürdig – doch nicht beim Bau von Thüringens ritterlich-stolzen Burgen. Nicht in der Zeit des christlichen Mittelalters. Ist die im 19. Jahrhundert in mehreren Versionen aufgezeichnete Sage also lediglich eine volkstümliche Schauergeschichte?

Die Burgruine Liebenstein selbst bleibt eine Antwort schuldig. Auch die gründlichen archäologischen Untersuchungen der letzten Jahre haben keine neuen Erkenntnisse zum sagenhaften Bauopfer gebracht. Erst wenn man ähnliche Sagen von anderen Orten und die Erkenntnisse der Volks- und Völkerkunde einbezieht, lichtet sich der Nebel – ein wenig zumindest.

Sagen, die von Opferungen bei der Gründung von Bauwerken berichten, sind weltweit verbreitet und auch in Thüringen keineswegs selten. So stürzte beim Bau der Werrabrücke zu Vacha im 14. Jahrhundert immer wieder der mittlere Bogen ein. Auf Anraten eines Mönches lässt der Baumeister »ein unschuldig Kindlein lebendig in den Bogen einmauern« und endlich kann die Brücke vollendet werden. Auch auf Burg Reichenfels bei Hohenleuben lässt der Burgherr ein Kind einmauern. Dessen Mutter rennt sich in ihrer Seelennot anschließend an der Burgmauer

Die Ruine der 1360 erstmals erwähnten Burg Liebenstein.

den Schädel ein. Der von ihrem Blut rot gefärbte Stein bleibt als mahnendes Zeichen zurück… Ähnliche Sagen werden vom Schloss Dryfels bei Berga/Elster, von Burg Henneberg bei Meiningen, der Krayenburg bei Tiefenort, der Burg Ranis u.a. erzählt.

Dass sie durchaus einen realen Kern besitzen, ist durch vereinzelte Befunde belegt. Es sind allerdings fast ausschließlich Tieropferfunde. So wurde 1982 auf der Leuchtenburg bei Kahla unter der letzten Stufe des Marterturms eine Leuchterschale aus dem 14. Jahrhundert mit den Knochen einer jungen Katze entdeckt, die als Opfergabe deponiert worden war. Noch eindrucksvoller ist der mumifizierte »versteinerte Hund«, der 1739 beim Abbruch eines Torbaues auf Schloss Burgk gefunden wurde und eindeutig als Bauopfer zu identifizieren ist. Auf Burg Ranis bei Pößneck machte man im 19. Jahrhundert beim Abbruch der Burgkapelle in einem 30 cm tiefen Loch einen überaus interessanten Fund, der die Raniser Sage vom eingemauerten Kind zu bestätigen scheint. Zusammen mit einem Leinenhemd und einem bemalten Teller wurden Knochen von einem 4–6 Monate alten Kind geborgen. Dieses dem 14. Jahrhundert zugeschriebene Bauopfer ist seit 1945 verschollen; das Skelett wurde nie wissenschaftlich bestimmt. Es existieren in Deutschland aber auch neuere archäologische Belege für menschliche Bauopfer aus der Zeit des Mittelalters.

Die Zahl der Sagen, die von in Burgen, Brücken, Mühlteichen und Kirchen eingemauerten Opfern berichten, ist freilich ungleich größer. In schauderndem Erinnern erzählen sie von Geschehnissen, die als Ausdruck der vermeintlichen Grausamkeit des Mittelalters betrachtet wurden, da deren tieferer Sinn weitgehend in Vergessenheit geraten war. Die Volkskunde lehrt indes, dass Bauopfer ein ursprünglich in aller Welt und bei Völkern sämtlicher Kulturstufen üblicher Brauch waren. Noch im Mittelalter war dieser Brauch bei allen europäischen Völkern verbreitet, und er lebte in verschiedenen Formen bis in die Neuzeit fort, beruhend auf der archaischen Glaubensvorstellung, dass der Mensch beim Bauen in den Herrschaftsbereich dämonischer Mächte eingreife, die durch Opfer versöhnt werden müssten. Das Gelingen jedes Neubaues fordere ein lebendiges Opfer, meist waren das Hund oder Katze. Bei besonders bedeutsamen oder schwierigen Bauwerken glaubte man, dies nur durch Menschenopfer erreichen zu können. Kinder galten wegen ihrer Unschuld als besonders wirkungsmächtig.

Das jüngste Zeugnis des uralten Aberglaubens berichtet übrigens von Geschehnissen beim Bau einer berühmten Eisenbahnbrücke. 1846 begann der Bau der Göltzschtalbrücke bei Mylau, damals die höchste Eisenbahnbrücke der Welt. Als wegen des schwierigen Baugrundes die Bauarbeiten ins Stocken kamen, hatte man sich offenbar der alten Opferbräuche erinnert. Nach dem Sagenforscher Friedrich Panzer wurde damals erzählt, dass die Schulmeister der Mylauer Umgebung den Auftrag hatten, dringend dem Grund des Fehlens einiger ihrer Schulkinder nachzuforschen, denn es ging das Gerücht um, dass ein

Kind bereits von verzweifelten Bauarbeitern im Fundament eines Brückenpfeilers eingemauert worden sei.

Und wie steht es um das Kind von Burg Liebenstein? Die Frage, ob beim Bau jener Burg Bauopfer gebracht wurden, ob – wie es die Sage eindrucksvoll erzählt – gar ein lebendiges Kind eingemauert wurde, muss unbeantwortet bleiben. Immerhin verweisen die Thüringer Sagenüberlieferungen darauf, dass Bauopferbräuche in der Zeit des Burgenbaues und weit darüber hinaus auch hierzulande tatsächlich an der Tagesordnung waren.

Sehenswert & sagenhaft

Burgruine Liebenstein bei Bad Liebenstein (Wartburgkreis)
Leuchtenburg bei Kahla (Saale-Holzland-Kreis)
Schloss Burgk (Saale-Orla-Kreis)

Das Rätsel des Schwedenhiebs

Im Labyrinth der »Trojaburg« von Graitschen

LABYRINTHE jedweder Art üben eine merkwürdige Anziehungskraft aus. Etwa jene Maisfelder, die, von Künstlerhand in riesige Irrgärten verwandelt, mancherorts zur sommerlichen Touristenattraktion werden. Oder die aus beschnittenen Hecken kunstvoll angelegten Labyrinthe vieler Barockgärten. Nicht nur Kinder können schwer der Verlockung widerstehen, solch eine Anlage zu betreten, sich darin zu verirren, um dann – beinahe schon der Verzweiflung nahe – überrascht und erleichtert endlich den Ausgang zu finden.

Auf andere Weise zieht der »Schwedenhieb« in Graitschen a.d. Höhe seine Besucher in den Bann. Selbst Gäste aus England und der Schweiz kamen schon in den östlich von Camburg über dem Saaletal gelegenen Ort, um hier eines der letzten historischen Rasenlabyrinthe Deutschlands mit eigenen Augen zu sehen. Es ist auch unter dem Namen »Trojaburg« bekannt. Besucher, die nach historischen Ruinen Ausschau halten, werden dieses Objekt allerdings nicht finden. Es liegt im Verborgenen. Am besten orientiert man sich an der Friedhofskapelle, die den höchsten Punkt des Ortes markiert. Unterhalb dieser Kapelle erhebt sich ein kleiner Hügel mit flacher Kuppe, eingehüllt von Heckenrosen und Flieder. Über einen

Pfad gelangt man hangaufwärts ans Ziel – und mag im ersten Moment vielleicht enttäuscht sein. Ein Gewirr verwinkelter steinerner Gänge, in denen man sich verlaufen könnte, ist nicht zu finden. Stattdessen fällt der Blick auf einen in seltsamen Windungen verlaufenden Rasendamm, der sich gleich einer riesigen grünen Schlange eindrucksvoll vom hellen Sand abhebt. Eine Tafel des Landesamtes für Archäologische Denkmalpflege ist der – sozusagen amtliche – Beleg, dass es sich um ein geschütztes Bodendenkmal handelt. Historische Quellen, die über Alter und Bedeutung des seltenen Rasenlabyrinths Aufschluss geben könnten, fehlen weitgehend. Immerhin zeigt das alte Graitschener Gemeindesiegel, das nachweislich schon vor dem Jahre 1840 in Gebrauch war, eine Abbildung des Schwedenhiebs; die Siegelinschrift nennt es ein »Denkmal v. 30-jährigen Kriege«.

Die Anlage hat einen Durchmesser von etwa 10 Metern. Folgt man dem vielfach verschlungenen Weg von seinem Ausgangspunkt bis zum Ende, dem sogenannten Erlösungsmal, sind rund 220 Meter zurückzulegen. Auf den ersten Blick erscheint der Verlauf des Rasendamms wirr und regellos. Schaut man genauer hin oder nimmt eine Abbildung, wie etwa das Siegelbild, zu Hilfe, wird überraschend klar, dass die Anlage System hat und vom Typ her den Darstellungen antiker Labyrinthe verblüffend ähnelt. Ein Hauch der Antike in Thüringen – ausgerechnet in Graitschen auf der Höhe? Wie mag der seltsame Wunderkreis hierher gekommen sein? Wer mag ihn angelegt haben? Fragen über Fragen, die nicht einmal Ed-

Edgar Eisenschmidts Familie pflegt das Rasenlabyrinth seit mehreren Generationen.

gar Eisenschmidt, der beste Kenner dieses Objekts, befriedigend beantworten kann.

Wie alt ist dieses Labyrinth? Welchem Zweck diente es? Rätsel über Rätsel... Verlaufen kann man sich im Labyrinth von Graitschen zwar nicht, doch wer die Lösung der Rätsel sucht, wer sich auf den Weg der Erkenntnis begibt, wird bald bemerken, dass er sich tatsächlich in einem tückenreichen Labyrinth befindet. Schon die Namen, mit denen es im Laufe der Zeit bedacht worden ist, stiften Verwirrung. Schwedenhieb oder Schwedenhügel, so lauten die ortsüblichen Bezeichnungen, früher war auch Schwedenkreis gebräuchlich. Ein Graitschener Korbmacher namens Zwietz erwähnt 1840 in einem Gedicht, dass darüber eine Sage erzählt werde. Diese ist nur mündlich überliefert und besagt sinngemäß: *In der Zeit des Dreißigjährigen Krieges hielten sich ein oder zwei schwedische Soldaten in Graitschen auf. Sie waren verwundet und sollten gesund gepflegt werden. Ort ihrer Unterbringung soll das Gehöft der Familie Krumbholz gewesen sein. Während dieser Zeit schufen sie das seltsame Labyrinth, vielleicht aus Dankbarkeit für ihre gute Pflege, vielleicht aus Langeweile. Möglicherweise leitete sie auch die Sehnsucht nach ihrer Heimat. Andere wieder sagen, sie hätten es als Spielstätte für die Kinder des Dorfes angelegt.*

Als weitere Namen für das Labyrinth sind Wunderkreis und Schlangenweg überliefert, was eine Deutung als alte Kultstätte, als Stätte archaischen »Zauberglaubens« nahe legen könnte. Daneben hat sich die aus der historischen Literatur stammende Bezeichnung Trojaburg eingebürgert. Sie verweist nicht auf die berühmte antike Stätte in Kleinasien; möglicherweise geht dieser Name auf das althochdeutsche Wort drajan = drehen zurück. Als Trojaburgen werden Labyrinthanlagen bezeichnet, wie sie vor allem im Nordeuropa häufiger anzutreffenden sind, beispielsweise die bronzezeitliche Trojaburg in Wisby auf Gotland.

Noch verwirrender wird es, wenn man den Erklärungsversuchen zur Entstehung und Bedeutung des rätselhaften Bodendenkmals nachgeht. Zieht man Vergleiche mit anderen Labyrinthen heran, drängt sich eine Deutung der Anlage als alte Kultstätte durchaus auf. So wird dieser Wunderkreis beispielsweise mit dem Sonnenglauben unserer Vorfahren in Verbindung gebracht, mit Ritualen, die den Lauf der Jahreszeiten begleiteten und insbesondere dem ersehnten Beginn der wärmeren Jahreszeit gewidmet waren. Folgt man dieser Theorie, kann man mit etwas Phantasie beim Betrachten des Rasenlabyrinths erstaunliche Entdeckungen machen: Mit einem Mal verwandelt sich der verschlungene grüne Rasendamm in eine zusammengerollte Schlange, ein Drachenungeheuer. Der helle Sand der Zwischenräume erscheint als goldene Sonnenscheibe. Vielleicht diente eine solche Stätte in grauer Vorzeit dazu, um nach entbehrungsreicher Winterzeit in einer rituellen Handlung die Sonne oder Sonnenjungfrau aus der Gewalt finsterer Mächte zu befreien? In den Windungen des Rasendamms kann man zugleich eine Art »vorzeitlichen Kalender« sehen, eine naive Darstellung des Weges der Sonne im Jahreslauf. Die großen Windungen könnten die Sommermonate darstellen, an denen das Tagesgestirn am Himmel einen großen Bogen beschreibt, die kleinen Windungen die Wintermonate mit niedrigem Sonnenstand.

Sich das Graitschener Rasenlabyrinth als einen Ort solcher Kulte vorzustellen, fällt nicht schwer. Wer aber nach handfesten Beweisen für ein entsprechend hohes Alter der Anlage sucht, wird leer ausgehen. Fest steht lediglich, dass die Graitschener Gegend schon seit sehr langer Zeit besiedelt ist. Das als »Grodzane« bereits 1040 urkundlich genannte Graitschen a.d. Höhe gehört zu den ältesten Orten Ostthüringens. Der Ortsname kommt aus dem Slawischen und leitet sich von grodisce = Burgstätte ab. An drei Stellen in der Flur hat man Spuren slawischer Siedlungen aus dem 9., 10. und 11. Jahrhundert nachgewiesen. Interessantester vorgeschichtlicher Fund ist der am Graitschener Silberberg zu Tage geförderte »Schmuckhort« aus bronzenen Hals- und Armringen und einem Beil, der in die Zeit um 1200 v. Chr. eingeordnet wird.

So interessant diese Tatsachen auch sind, lassen sich aus ihnen jedoch kaum Schlüsse auf die Entstehung des geheimnisvollen Rasenlabyrinths ziehen. Der Logik nach mag manches dafür sprechen, es als »Kultstätte aus der Zeit vor etwa 1000 Jahren« einzuordnen, wie das auch Edgar Eisenschmidt tut. Aber der Mann weiß am besten, welchen Haken diese Theorie hat und stellt sie deshalb in seiner 1990 erschienenen Schrift selbst in Frage. Wie es schon sein Großvater und sein Vater taten, pflegt Eisenschmidt das Bodendenkmal seit Jahrzehnten. Er weiß Bescheid, welche Mühe es macht, ein zartes gärtnerisches Gebilde wie dieses vor dem Zugriff der Natur zu bewahren. In den letzten 60 Jahren fehlte zwei Mal nicht viel, und die Natur hätte sich das Stückchen Land zurückgeholt. Regelmäßig müssen die Rasendämme abgestochen und gemäht werden, unerwünschter Bewuchs ist zu entfernen und der Sandstreifen zu pflegen. Wie sollte dies über ein Jahrtausend hin geleistet worden sein? In Zeiten, da oft Krieg und Not herrschten und die Menschen alle Kräfte einsetzen mussten, um ihre nackte Existenz zu sichern. In Zeiten, da archaische Sonnenkulte längst verdrängt waren und an die Erhaltung von »Altertümern« nicht einmal zu denken war.

Eine andere Antwort auf die Frage nach der Herkunft des Labyrinths knüpft an die Sage von den dankbaren Schweden an. »Schweden-Sagen« aus der Zeit des Dreißigjährigen Krieges sind im Saaletal und darüber hinaus weit verbreitet. Meist berichten sie allerdings von Gräueltaten der Soldateska. Eine Überlieferung von einem »dankbaren Schweden« ist aber auch aus Friedebach, südlich von Orlamünde, bekannt. Die Einwohner Friedebachs fanden einen verwundeten schwedischen Offizier und wollten ihm eigentlich den Garaus machen. Aber die Nächstenliebe siegte, sie bargen ihn und pflegten ihn gesund. Zum Dank ließ der Schwede am Eingang des Ortes ein Kreuz mit einem geheimen Symbol setzen, das die Friedebacher in den folgenden Kriegsjahren vor Übergriffen der Schweden schützte. So erzählt es die Sage. Könnte auch das Rasenlabyrinth eines solches Schutzsymbol gewesen sein?

In Graitschen erinnerte bis 1911 ein mächtiger alter Baum an die »Schwedenzeit«. Unter der sogenannten Schwedenkiefer, gleich neben der Trojaburg, befand sich einst der Tanzplatz der Dorfbewohner. Historische Belege über den Aufenthalt der Schweden in Graitschen gibt es nicht. Die Sage ist aber insofern bemerkenswert, als es in Skandinavien tatsächlich ähnliche Labyrinth-Anlagen, die schon erwähnten Trojaburgen, gibt. Während man im deutschsprachigen Raum neben Graitschen nur wenige weitere Beispiele (u.a. in Steigra bei Querfurt) kennt, sind sie in Nordeuropa weitaus verbreiteter. Von manchen dieser Trojaburgen ist überliefert, dass sie der Ort von kultischen Handlungen bzw. Festen vor allem in der Frühjahrszeit gewesen sind, bei denen die Gänge nach bestimmten Vorschriften durchtanzt wurden.

Auch die Schwedensage bietet also bemerkenswerte Anhaltspunkte, um das Rätsel des Labyrinths zu lösen. Wieder scheint man eine logische Erklärungskette in der Hand zu haben, einen Ariadnefaden, der zum gesuchten Ausgang des Labyrinths weist. Doch wiederum stellen sich Zweifel ein: Die skandinavischen Trojaburgen bestehen üblicherweise aus Steinreihen. Sie in den Rasen zu stechen, entspricht den in England üblichen Formen. Warum sollten die Schweden ihren Schwedenkreis ausgerechnet in englischer Manier angelegt haben? Und wenn es in diesem Fall auch nur um eine Spanne von etwa 350 Jahren geht – die Frage, wie ein solches Gebilde wohlbehalten über die Jahrhunderte gekommen sein könnte, lässt sich ebenfalls nicht zufriedenstellend beantworten.

»Es wird also keine eindeutige Meinung über den Zeitpunkt der Entstehung unserer Anlage und den oder die Erbauer geben. Sicher wird diese Frage niemals endgültig aufgeklärt«, resümiert Edgar Eisenschmidt in seiner Schrift. Er betont jedoch: »Ein gewisses Fluidum um die Anlage hat aber auch seine Reize«. Vielleicht ist es gerade das, was immer wieder interessierte Besucher zum Graitschener Schwedenhieb lockt.

Sehenswert & sagenhaft
Historisches Rasenlabyrinth »Trojaburg«
in Graitschen a. d. Höhe (Saale-Holzland-Kreis)

Die schwarze Hand in der Kirche St. Ulrich

Den Rätseln einer mumifizierten Frauenhand auf der Spur

Mit einem gewichtigen Schlüsselbund in der Hand begleitet mich Pfarrer Prüfer hinauf zu seiner Kirche St. Ulrich, hoch über den schmucken Fachwerkhäusern von Suhl-Heinrichs gelegen. Das Gotteshaus konnte nach einer 13 Jahre dauernden Sanierung 2003 das 500-jährige Kirchweihjubiläum begehen. Außen in schlichtem Weiß gehalten, überrascht der Innenraum mit farbkräftigen Wandmalereien, einem kostbaren Kruzifix aus dem 14. Jahrhundert und einer Vielzahl von Heiligenfiguren. Für ein evangelisches Gotteshauses eine katholisch anmutende Prachtentfaltung.

Besonderer Blickfang ist der kostbare gotische Sakramentsschrein, in dem einst die geweihte Hostie aufbewahrt wurde. Hier beginnt ein Prozedere, das Pfarrer Prüfer schon ungezählte Male zelebriert hat. Und seine Amtsvorgänger seit Jahrhunderten ebenso. Der Schlüssel knarrt im Schloss, das Eisengitter des Schreins wird bedächtig geöffnet. Der Pfarrer streift sich einen weißen Handschuh über. Dann präsentiert er das rätselhafte Relikt: eine mumifizierte rechte Hand, feindgliedrig und gepflegt, offensichtlich von einer Frau. Die Finger sind gekrümmt, Ring- und kleiner Finger wie im Todeskampf in die Handfläche ver-

Eine Reliquie der heiligen Elisabeth?
Seit Jahrhunderten wird die schwarze Hand im
Sakramentsschrein von St. Ulrich verwahrt.

krallt. Der Handwurzelknochen ist unversehrt; auch der saubere Hautschnitt spricht dafür, dass die Hand fachgerecht abgetrennt worden ist. »Solange die Überlieferung zurück reicht, befindet sich die Handreliquie in diesem Schrein«, sagt Pfarrer Prüfer. »Allerdings gibt es keinerlei Aufzeichnungen, mit denen ihre Herkunft und ihr Alter belegt werden könnten.«

Wie oft in solchen Fällen, hat dies die Phantasie kräftig angeheizt. In Heinrichs kursierten früher zahlreiche Sagen und Legenden über die »schwarze Hand«. Drei von ihnen sind im Pfarrarchiv überliefert. Die erste will wissen, dass bei der Grundsteinlegung zum Bau der Kirche ein Kasten gefunden worden ist, in dem sich diese Menschenhand, ein Krug Wasser und verschiedene Schriftstücke befanden. Nach der zweiten Überlieferung wurde vor langer Zeit einem wohltätigen Geistlichen von Heinrichs nach dessen Tod die Hand abgetrennt und zum Andenken an seine guten Taten aufbewahrt. Die dritte Sage erzählt: *In einer wichtigen Prozeßsache musste ein Heinrichser Bürger einen Eid leisten. Er bekräftigte ihn noch durch den Zusatz: »So ich falsch geschworen habe, so möge diese meine Hand aus der Erde wachsen.« Als er nun gestorben war, wuchs richtig die Hand aus dem Grabe. Man deckte sie mehrere Male mit Erde zu, aber immer wieder kam sie zum Vorschein. Man entschloss sich endlich, sie abzuschneiden und als warnendes Beispiel aufzubewahren.*

»In unserer Gemeinde wird die Schwarze Hand aber eher als Reliquie betrachtet, von manchen sogar als eine Reliquie der heiligen Elisabeth«, erzählt der Pfarrer, als wir später in seinem Arbeitszimmer sitzen.

»Die Heinrichser Kirche ist früher sehr reich gewesen und besaß einen großen Reliquienschatz. In der Reformation wurden die Reliquien zwar üblicherweise entfernt. Aber wer weiß das so genau?«

Dass es sich um eine Reliquie der im Jahre 1235 heilig gesprochenen Thüringer Landgräfin handeln könnte, ist allerdings unwahrscheinlich, berichte ich Pfarrer Prüfer über meine Recherchen. Obwohl die heute noch existierenden Gebeine der heiligen Elisabeth als Reliquien über ganz Europa verstreut sind, ist deren Geschichte umfassend dokumentiert. Eine mumifizierte Hand kommt darin nicht vor. Außerdem verkörperten die sterblichen Überreste der Heiligen im ausgehenden Mittelalter einen unschätzbaren Wert und wurden, um dies zu unterstreichen, zu kostbaren Reliquiaren verarbeitet. So ist etwa das Armreliquiar der heiligen Elisabeth von 1240, aufbewahrt im Residenzschloss Sayn am Rhein, ein hochkarätiges Kunstwerk aus Gold und Edelsteinen. Die mumifizierte Hand in Suhl-Heinrichs weist hingegen keinerlei Spuren einer solchen Verzierung auf.

Die zarte Frauenhand stammt somit kaum von einer Heiligen und dürfte aus anderen Gründen in die Kirche gelangt sein. Mumifizierte Hände dieser Art werden nämlich auch andernorts gezeigt, in der Dorfkirche von Lunow (Brandenburg) beispielsweise oder im Rathaus von Münster. Über sie werden ähnliche Sagen erzählt. Mal soll es die Hand eines Sohnes sein, der sich tätlich gegen seinen Vater verging, mal die eines dokumentenfälschenden Schreibers. In einer Sage aus Fulda ermordet der geldgierige Wirt einen aus der Schlacht bei Jena und Auerstedt zurückkehrenden Franzosen und verscharrt ihn. Bald darauf wächst dessen verstümmelte Hand aus der Erde und treibt den Wirt allmählich in den Wahnsinn.

Wenn das auch keine Tatsachenberichte sind, weisen sie doch auf die tatsächliche Herkunft solcher lange aufbewahrten Menschenhände hin. Es sind wahrscheinlich Relikte eines sehr alten Rechtsbrauches: des sogenannten Leibzeichens. Wollte man im Mittelalter einen Mörder anklagen, bedurfte es dazu vor Gericht eines gegenständlichen Beweises der Tat, am besten des Leichnams des Ermordeten. Da man diesen aber bis zur Gerichtsverhandlung meist nicht aufbewahren konnte, diente stattdessen die im Beisein von Zeugen abgetrennte rechte Hand oder ein Finger als Verkörperung des Opfers. Solche Leibzeichen waren noch um 1700 üblich. Aus ihnen entwickelte sich das Corpus delicti. Die Leibzeichen wurden dann nach abgeschlossener Gerichtsverhandlung oft zur Erinnerung und Mahnung an öffentlichen Orten aufbewahrt, insbesondere, wenn der oder die Ermordete eine wichtige Persönlichkeit war. »Könnte die schwarze Hand nicht auch ein solches Leibzeichen sein?« frage ich. »Vielleicht die Hand einer angesehenen Heinrichser Bürgerin, die einem Mord zum Opfer gefallen war?«

»Sie als Reliquie zu betrachten, wäre mir offen gestanden lieber«, räumt Pfarrer Prüfer schmunzelnd ein, »aber vermutlich haben Sie recht. Und dennoch hat uns die Schwarze Hand einmal wie eine Reliquie vor dem schlimmsten Unheil bewahrt.«

Auch das ist Sage, allerdings eine, die mit an Wahrheit grenzender Wahrscheinlichkeit der historischen Realität entspricht: Während des Dreißigjährigen Krieges wurden die Orte Suhl und Heinrichs 1634 von den kaiserlichen Truppen in Brand gesetzt und zerstört. Nur die Kirche St. Ulrich und das Pfarrhaus blieben verschont. Denn als die kroatischen Landsknechte des Grafen Isolani in der Kirche die schwarze Handreliquie, die schöne Mondsichelmadonna und die zahlreichen Heiligenbilder erblickten, fühlten sie sich an die katholischen Kirchen ihrer Heimat erinnert. So wurde ihre Wut besänftigt und sie zogen weiter, ohne dem Gotteshaus Schaden zugefügt zu haben.

Sehenswert & sagenhaft
»Schwarze Hand« in der Kirche St. Ulrich
in Suhl-Heinrichs

Neues vom Kranichfelder »Leckarsch«

Warum Ritter Wolfer ein Schweinsgesicht hat

WOANDERS würde man dafür Schläge bekommen oder hätte umgehend eine Beleidigungsklage am Hals. Nicht so in Kranichfeld. Als »Leckarsch« bezeichnet zu werden, ist für die humorvollen Bewohner des Ilmtal-Städtchens nicht ehrenrührig. Im Gegenteil. Für besondere Verdienste kann man hier mit der »Leckarsch«-Münze in Gold samt Ehrenurkunde ausgezeichnet werden. Es gibt eine Gaststätte »Zum Leckarsch«. Auch ein Theaterspiel zu diesem Thema war schon zu erleben.

Der Leckarsch im Allgemeinen ist eng verwandt mit dem Arschlecker, den Wörterbücher als unterwürfigen, widerlichen Schmeichler definieren. In Kranichfeld hingegen ist er eine steinerne Skulptur am malerisch über den Dächern der Stadt thronenden Oberschloss. An dessen Fassade verrichtet der Leckarsch als Konsolenträger seinen Dienst, stützt mit gekrümmtem Rücken und durchgedrückten Knien den Kragstein, auf welchem der schmucke Süderker lastet. Unbestritten ist, dass er dies bereits seit dem 16. Jahrhundert tut, als die romanische Burg zu einem Schloss im Stil der Renaissance umgebaut wurde. Warum aber streckt der verruchte Kerl dem Betrachter provokant sein nacktes Hinterteil entgegen, den Kopf dabei äußerst unbequem zwischen die Beine geklemmt?

Als einst zwei Brüder, Wolfer und Lutger genannt, zusammen auf dem Oberschlosse wohnten, kamen sie miteinander einmal in Streit, der so heftig wurde, dass sie schwuren von einander zu ziehen und die Güter zu teilen. Und das geschah denn auch. Schon waren sie mit teilen fertig geworden, als der jüngere der Brüder, Lutger, der die Burg verlassen sollte, auf den Berg deutend, wo jetzt Niederkranichfeld steht, sagte: »Dorthin will ich mir meine Burg bauen!« Wolfer lachte spottend darüber und antwortete: »Wenn Du auf diesen Berg eine Burg bauest, so will ich mir etwas tun, was keiner tut und kann.« »Topp!« sprach Lutger, »ein Ritter hält sein Wort!«, und der Vertrag wurde sogleich schriftlich aufgesetzt und unterschrieben. Aber Lutger baute wirklich zum großen Erstaunen und Schrecken Wolfer's eine gar stattliche Burg, die jetzige Niederburg, und war grausam genug, darauf zu bestehen, dass sein Bruder die Bedingungen des Vertrags erfüllen musste, obschon er damit auch das Leben ließ. Lutger kam dadurch zugleich in den Besitz der Oberburg und des dazu gehörigen die Oberherrschaft ausmachenden Landes. Zum Andenken ließ der schändliche Bruder den Wolfer in der gezwungenen Stellung an einen Erker des Oberschlosses in Stein hauen, was man noch heute als »Wahrzeichen« zeigt und sieht…

Obwohl den historischen Sagen zuzurechnen, ist die von Bechstein 1858 überlieferte Geschichte nicht als authentische Schilderung eines geschichtlichen Ereignisses zu verstehen. Denn als die Figur während des Schlossumbaues um 1530 entstand, herrschten hier die Herren Reuß von Plauen, unter denen es weder einen Wolfer noch einen Lutger gab. Die Namen entstammen vielmehr einer Urkunde des Klosters Paulinzella von 1163/1169. Dort sind »Wolfer von Kranichfeld und sein Bruder Lutger von Kirchheim« erwähnt, und diese mittelalterliche Quelle wird einer der Ausgangspunkte zur Bildung der Sage gewesen sein. Ein Bruderstreit ist allerdings für das 12. Jahrhundert nicht belegt und historisch äußerst unwahrscheinlich. Was allerdings nicht heißt, die Sage sei »unwahr«. Obwohl fiktiv, reflektiert die Geschichte vom tragischen Bruderstreit ein sehr reales Problem, dass den Kranichfeldern einst schwer zu schaffen machte. Der 1651 zur Stadt erhobene Ort war Jahrhunderte lang einer zweiteiligen Herrschaft und häufig wechselnden Gewalten ausgesetzt. Wie an kaum einem anderen Ort Thüringens waren die Folgen der Kleinstaaterei zu spüren. Noch bis 1912 gehörten Ober- und Niederkranichfeld unterschiedlichen Herzogtümern an. Oft genug mag man nach dem »warum« dieser willkürlich scheinenden Teilung gefragt haben, und die Sage gab – auf sagenhafte Art – eine jedermann verständliche Antwort. »Dies geschah durch Hass und Neid, beweiset nun in dieser Zeit, dass wir schon längst davon befreit«, nimmt ein Kranichfelder Notgeldschein von 1922 darauf Bezug. So holprig der Reim auch ist, belegt er doch die feste Verankerung der Sage im Alltagsbewusstsein.

Vor allem will die Geschichte von Wolfer und Lutger freilich das berühmt-berüchtigte Steinbild erklären, das schon immer weit über Kranichfeld hinaus die Gemüter erregte. Vom »Leckarsch« ist bei Ludwig

Bechstein allerdings noch nicht die Rede. Dergleichen kommt erst in neueren Fassungen der Sage zur Sprache. Da wird von einem unbekleideten Mann fabuliert, der in unnatürlicher Weise versuche, »sich durch die gespreizten Beine in den Hintern zu beißen oder sich dort zu lecken«. Ritter Wolfer reitet sich ins Verderben, in dem er verspricht, sich am A. zu lecken – und dies dann auch zu tun versucht.

Ich gebe zu, die Sache bis vor kurzem ähnlich gesehen und die Geschichte dementsprechend erzählt zu haben. Denn das Corpus delicti ist nicht sonderlich

Die berühmte Kranichfelder Droleriefigur aus der Nähe betrachtet.

groß und schwebt in beträchtlicher Höhe über dem Betrachter. Kürzlich aber, als ich ein Teleobjektiv zu Hilfe nahm, gingen mir am Oberschloss die Augen auf. Und vor Schreck gleich wieder zu. Der Typ leckt sich ja gar nicht den Hintern! Und reinbeißen tut er schon gar nicht! Und ist es wirklich ein unbekleideter Mann?

Es lohnt, sich das kleine Kunstwerk einmal sehr genau anzuschauen. Dann entdeckt man nämlich, dass der vermeintliche Ritter einen Schweinskopf hat, eindeutig der Rüssel mit weit geöffneten Nüstern. Und jener Schweinskerl leckt sich nicht den Hintern, sondern unverkennbar den Penis. Was Schweine, Hunde und andere Vierbeiner ja tatsächlich tun. Und was im menschlichen Sexualleben als Autofellatio bezeichnet wird. Diese Form der Selbstbefriedigung wird bereits in Schriften des Altertums dargestellt und in modernen Lexika ausführlich erklärt. Eine Abbildung in der Wikipedia-Enzyklopädie zeigt, dass die »unnatürliche« Körperhaltung des Kranichfelder Konsolträgers in verblüffender Weise einer »gängigen Autofellatio-Stellung für gelenkige Menschen« entspricht.

Warum aber wurde dann immer wieder gebetsmühlenartig wiederholt, da lecke sich ein Mann am oder im A.? Das dürfte vor allem der Inschrift am Kragstein zu verdanken sein. LECK MICH IM MARS ist dort in schönen lateinischen Großbuchstaben eingemeißelt. An diese Erklärungshilfe haben sich die Sagenerzähler meist gehalten. So konnten sie ein derb-drastisches Stücklein erzählen, ohne der nackten Wahrheit gar zu genau ins Auge blicken zu müssen. Wie die Schlossbesitzer im 19. Jahrhundert das obszöne Bild mit Efeu überwuchern ließen, kaschierten die Sagenerzähler die Sache mit Worten. Dass sich die Figur den Penis leckt, wird in allen Sagen schamhaft unterschlagen. Während es Bechstein noch geschickt umschreibt (»etwas tun, was keiner tut und kann«), deuten es seine Nachfolger zum »Lecken am A.« um. Was dann zu kurios-verqueren Beschreibungen führt, etwa: »... so schlugen sie ihm das Rückgrat entzwei und zwangen ihn in die unnatürliche Stellung, in der er elendiglich verstarb«, heißt es 1929 in einer Variante der Sage. Über menschliches Sexualverhalten im allgemeinen und die Beweglichkeit der Wirbelsäule im besonderen hat der unbekannte Steinmetz des 16. Jahrhunderts, der das kleine Kunstwerk schuf, wohl besser Bescheid gewusst als Bechstein und Kollegen. Auch waren der Handwerker und dessen herrschaftlichen Auftraggeber offenbar weniger verklemmt und prüde als die gelehrten Sagenerzähler des 19. und 20. Jahrhunderts.

Einen Kranichfelder Ritter nach verlorener Wette stellt der berühmte Leckarsch somit nicht dar. Aber was dann? Hier hilft ein Blick in die Kunstgeschichte weiter. Kunsthistorisch zählt die Skulptur zu den sogenannten Drolerien (vom französischen Wort »drole« für lustig), komischen oder grotesk-phantastischen Darstellungen von Menschen, Tieren und Fabelwesen, die vor allem in der Zeit der Spätgotik und frühen Renaissance sehr beliebt waren. Vorzugsweise an Kirchenbauten, aber auch an Schlössern und Bürgerhäusern kann man sie entdecken: furchterregende

Dämonen, kopulierende Affen, tanzende Mönche... Diese Bilder, ob in Holz oder Stein gearbeitet, schmücken und belustigen zugleich. Außerdem haben sie oft eine kritische, belehrende Aufgabe, wollen vor den allzu menschlichen Schwächen und Lastern warnen. Das ist fraglos auch bei der Leckarsch-Gestalt der Fall, die einer besonders »unzüchtigen« Form der Wollust frönt. Gerade deshalb hat ihm der Kranichfelder Meister ein abstoßendes Schweinsgesicht gegeben. Eines, an dem man durchaus teuflische Züge entdecken kann.

Derart drastische Drolerien sind meist im Verborgenen zu finden. Vor allem in Kirchen wurden sie an Stellen angebracht, an denen sie nicht gar zu sehr ins Auge stechen. Auch die von Ludwig Bechstein wegen ihrer Ähnlichkeit mit dem Kranichfelder Leckarsch erwähnte Drolerie in der Arnstädter Liebfrauenkirche ist an einer Stelle angebracht, die man suchen muss. Anders der Konsolträger am Oberschloss. Zwar wird auch bei ihm nicht jedes Detail sofort offenbar, doch sein blankes Hinterteil ist an der prächtigen Fassade kaum zu übersehen – geradezu demonstrativ reckt er es dem Betrachter entgegen. Das weist auf seine besondere Funktion hin.

Schon als ich den Leckarsch zum ersten mal sah, erinnerte mich seine provokante Geste irgendwie an einen bestimmten Typ figürlicher Darstellungen, die von anderen historischen Bauten bekannt sind. Etwa an den fratzenhaften Steinkopf mit herausgestreckter Zunge, der sich an der Tormauer von Burg Hanstein im thüringischen Eichsfeld befindet. Solche

Fratzen und Tierköpfe, häufig mit heraus gestreckter Zunge, sind an Burgen, Schlössern und Fachwerkhäusern oft zu entdecken. Sie werden als Neidköpfe (vom althochdeutschen Wort »nid« für Hass, Zorn, Neid) bezeichnet und sollten neben ihrer schmückenden Funktion nach altem Volksglauben Unheil vom Gebäude und seinen Bewohnern abhalten, vor Dämonen und vor dem »bösen Blick« schützen. Obwohl der Kranichfelder Leckarsch den klassischen Neidköpfen äußerlich kaum ähnelt, scheint er funktional ein Neidkopf-Verwandter zu sein. Seine Verwandtschaft ergibt sich aus der Gestik recht eindeutig, wenn man deren geheimnisvolle, längst in Vergessenheit geratene Bedeutung im alten Volksglauben in Erinnerung ruft. Wie das Herausstrecken der Zunge galt auch das Zeigen des Hinterns oder der Genitalien als beschimpfend und deshalb als Zauber abwehrend. In der nordischen Sagaliteratur ist der Glaube überliefert, mit dem Zeigen des nackten Hinterns könne man die Schwerter der Feinde stumpf machen. In der »Düringischen Chronik« des 15. Jahrhunderts schildert Johannes Rothe, dass die Weiber von Fritzlar bei einer Belagerung der Stadt ihre »blanken Spiegel« über die Zinnen reckten, um die Angreifer zu verhöhnen und zum Abzug zu bewegen. Der Leipziger Gelehrte Prätorius berichtet 1669 über den verbreiteten Brauch, mit der obszönen Geste Hagelstürme abzuwehren und die Kinder vor dem »bösen Blick« zu schützen usw. Und schaue man dabei durch die gespreizten Beine seinem Gegenüber ins Auge, verdoppele es die zauberkräftige Abwehrwirkung.

Genau diese Geste zeigt der Kranichfelder Leckarsch wie auch sein weibliches Pendant in der Arnstädter Liebfrauenkirche. Sie hat den Rock zurück geschlagen, ihr Gesäß ist mit einer Art Unterrock verhüllt. Die aus dem 13. bzw. 14. Jahrhundert stammende Figur wirkt im Unterschied zum Leckarsch keineswegs obszön. So ähnlich mag diese Abwehrgeste im Mittelalter auf offener Straße tatsächlich ausgeführt worden sein. Im 16. Jahrhundert, als beim Umbau des Oberschlosses unter den Händen eines geschickten Steinmetzes die ungewöhnliche Konsol-

trägerfigur entstand, waren Vorstellungen wie diese noch lebendig und allgemein verbreitet. Die an der Deckplatte zu lesende Inschrift entstammt übrigens demselben Aberglauben. Wie die Geste galt auch dic Redewendung »Leck mich am (im) Arsch«, dreimal hintereinander ausgesprochen, als wirkungsvolle Schutz- und Abwehrformel gegen dämonische Gefahren.

Neben der aus der Gestik deutlich werdenden magischen Intension sind sicher weitere Gründe im Spiel gewesen. Lust an Provokation und derbem Spaß, Spott auf die Welt (und auf die Kranichfelder Nachbarn). Bei der Entstehung der sagenhaften Konsolträgerfigur hat darüber hinaus auch eine einfache bautechnische Überlegung mitgespielt. Während die Körperhaltung der Arnstädter Droleriefigur lediglich die erwähnte Abwehrgeste zeigt, unterstreicht sie beim Kranichfelder Leckarsch zugleich die tragende Funktion des Bauteils. Mit gebeugtem Rücken und winklig aufgestützten Beinen scheint die kräftige Gestalt tatsächlich die tonnenschwere Last des prächtigen Erkers zu stützen. Die »unnatürliche« Körperhaltung ist dafür nahezu ideal geeignet. Form und Funktion stehen völlig im Einklang – auch insofern ein kleines Meisterstück der Steinmetzkunst.

Sehenswert & sagenhaft

Oberschloss mit Museum und Unterburg
in Kranichfeld (Ilmkreis)
Droleriefigur an einem Kapitell an der Nordseite des Chores der Liebfrauenkirche in Arnstadt (Ilmkreis)

Der Buttelstedter Riesen-Wetzstein

DER SCHÖNSTE MENHIR THÜRINGENS HAT EINE BEWEGTE GESCHICHTE

*F*ÄHRT man auf der Bundesstraße 85 durch Buttelstedt in Richtung Kölleda, wird am Ortsausgang der Blick unweigerlich von einem merkwürdigen Steingebilde angezogen. Der flüchtige Betrachter mag es für ein Denkmal oder einen ungewöhnlichen Grenzstein halten. Nimmt man es genauer in Augenschein, steht man vor einer 2,80 Meter hohen, vierkantigen, in einer stumpfen Spitze auslaufenden Muschelkalksäule. Im wechselnden Licht des Tages erscheint sie mal grau, mal beige, dann wieder strahlend weiß – eine ausgesprochen ästhetische Erscheinung. Im Volksmund »Langer Stein« oder »Wetzstein« genannt, soll sie einst durch magische Riesenkräfte in die Buttelstedter Flur geschleudert worden sein.

An seinen heutigen Standort nahe der B 85 gelangte der stattliche Stein indes erst vor wenigen Jahren mit Hilfe moderner Technik. Wegen der Verbreiterung der Bundesstraße wurde er 1994, nach gründlicher Restaurierung, hierher versetzt. Bereits reichlich hundert Jahre zuvor hatte er nach einer Flurzusammenlegung seinen ursprünglichen Standort an der Flurgrenze zwischen Buttelstedt und Ollersleben verlassen müssen. Damals dürfte das Umsetzen ein heikles Unternehmen gewesen sein, war doch der Aberglaube noch lebendig, dass derjenige, der die uralte Säule berühre, bald sterben würde. Doch nicht die beteiligten Arbeiter kamen bei der Aktion im Jahre 1912 zu Schaden, sondern der Stein selbst. Der »Wetzstein« brach beim Transport entzwei und musste mit Eisenklammern wieder zusammengefügt werden.

Umso erstaunlicher, wie die schlanke Steinsäule in grauer Vorzeit den sagenhaften Riesenwurf heil überstanden haben soll: *Einst waren in Thüringen zwei große Riesen, der eine wohnte auf dem Ettersberge und der andere auf dem Harze. Beide wollten mähen, hatten aber nur einen Wetzstein zum Schärfen der Sensen. Über der Arbeit rief der Riese vom Harz seinem Kameraden zu, er möchte ihm doch einmal seinen Wetzstein zuwerfen. Der Riese vom Ettersberge war aber zu angestrengt von der Arbeit und konnte den Wetzstein nur bis Buttelstedt werfen, wo er noch heute steht.* So wurde die Sage von Prof. August Witzschel Mitte des 19. Jahrhunderts aufgezeichnet und 1878 erstmals gedruckt. In neueren Versionen wird als Standort des zweiten Riesen statt des Harzes meist die näher liegende Finne genannt. Reinhold Ulrich, ältester Bürger von Buttelstedt (Jahrgang 1911), den ich über die Sage befragte, verriet mir sogar die Namen der Riesen: »Der eine hieß Et, der andere Fin. So hat es uns Kindern damals der Schullehrer erzählt. Noch heute kennt hier jeder diese alte Sage.«

Auf den ersten Blick scheint es sich um eine Riesensage wie viele andere zu handeln. Mit Erzählungen von Riesen versuchten die Menschen früher oft die Entstehung auffallender Naturerscheinungen wie ungewöhnlicher Felsen oder Gebirgszüge zu erklären. Auch steinzeitliche Grabstätten und Monumente wurden als sogenannte »Hünengräber« gern den Riesen zugeschrieben. Die Form des schlanken, spitz auslaufenden »Langen Steins« von Buttelstedt ähnelt dem zum Sensenschärfen einst unentbehrlichen Utensil durchaus. Die Assoziation »Riesenwetzstein« war also naheliegend.

Wenn Riesen – wie in unserem Fall – mit Wetzsteinen um sich werfen, ist darüber hinaus bei der Sa-

Reinhold Ulrich hat die Sage von Riesenwetzstein einst von seinem Lehrer gehört.

genbildung möglicherweise ein uralter Mythos nordisch-germanischer Herkunft eingeflossen. In der altnordischen »Edda« ist die Geschichte des Riesen Hrungnir überliefert, der im Starkbierrausch Gott Thor zum Zweikampf fordert. Seine ungewöhnliche Waffe – ein Wetzstein, den er über der Schulter trägt. Diesen schleudert er Thor entgegen. Gott Thor ist freilich stärker. Mit seinem Zauberhammer zertrümmert Thor nicht nur den Wetzstein des Riesen, sondern auch dessen Schädel.

Über das weitere Schicksal der Thüringer Riesen Et und Fin verrät unsere Sage leider nichts. Auch die Frage, ob bei Et's missglücktem Wurf ebenfalls Starkbier im Spiel war, bleibt unbeantwortet. Die Sagenriesen dienten den Buttelstedtern vor allem dazu, einigermaßen unterhaltsam und plausibel die Existenz ihrer merkwürdigen Steinsäule zu erklären. Die tatsächliche Herkunft und Bedeutung des Steins war in der Zeit, als die Volkssage blühte, nämlich unbekannt. Was nicht weiter verwunderlich ist. Denn obwohl das bereits im Jahre 768 erwähnte Buttelstedt zu den ältesten Orten der Region zählt, ist der »Lange Stein« doch um vieles älter. Dank archäologischer Forschung wissen wir heute, dass er das stattliche Alter von 4–5.000 Jahren aufzuweisen hat, und nicht Riesen-, sondern Menschenwerk ist. Vor allem die Untersuchung des 800 Meter entfernten ursprünglichen Standortes an der Flurgrenze Buttelstedt und Ollersdorf war sehr aufschlussreich. Die Archäologen stießen hier auf Überreste einer Siedlung aus der Jungsteinzeit (ca. 5.500–2.000 v. Chr.). Deren

Bewohner, wegen ihrer bevorzugten Tongefäße als Trichterbecherleute bezeichnet, könnten die Schöpfer des Monuments gewesen sein. Möglicherweise markierte der Buttelstedter Menhir (keltisch »großer Stein«) das Zentrum ihres Kultplatzes und diente als »Hochsitz« für die Seelen der Verstorbenen. Andernorts wird den Menhiren auch eine wichtige Rolle bei den Fruchtbarkeitsritualen der Steinzeitmenschen zugeschrieben. Von Menschenhand aufgerichtete Steine aus vorgeschichtlicher Zeit findet man fast überall auf der Welt: von Schweden über Dänemark, Deutschland, England, Spanien bis nach Syrien und Palästina und Senegal. Oft wurden mehrere in Reihen oder in Kreisen aufgestellt, etwa die ebenso berühmten wie rätselhaften Steinkreise von Stonehenge.

Auch der Buttelstedter Stein birgt noch manches Rätsel. Welche Gründe die Menschen einst bewogen haben, den mächtigen Stein zu bearbeiten, zu transportieren und aufzurichten, wird nie bis ins Detail zu ergründen sein. Über eines sind sich Archäologen und Buttelstedts Bürger jedoch einig: Der »Riesen-Wetzstein« ist ohne Zweifel der schönste Menhir Thüringens.

Sehenswert & sagenhaft

Geschütztes Bodendenkmal »Wetzstein«
an der B 85 in Buttelstedt
(Landkreis Weimarer Land)

Auf den Spuren der »falschen Königin« von England

Wie eine Hochstaplerin zur weissen Frau mutierte

Es sagen viele, dass sich auf dem Schloss Tenneberg ... eine weiße Frau erblicken lässt. Sie erscheint aus einem Turm und durchwandelt ruhelos die zahlreichen Gemächer und Säle des geräumigen Hauses. In jenem Turm ist ihr Grab. Oft hat man auch zur Nachtzeit Licht in dem öden unbewohnten Flügel des Schlosses gesehen. Diese weiße Frau soll keine andere sein, als jene angebliche Königin von England, die auf Tenneberg, wie mit Wahrscheinlichkeit zu vermuten steht, in ihrer Gefangenschaft starb.

Neben dieser Sage überliefert Ludwig Bechstein 1835, was man damals sonst noch über das Schicksal der angeblichen Königin wusste: *Im Sommer des Jahres 1559 kam eine vornehme Dame unter fürstlichem Geleit und auf Befehl des Herzogs Johann Friedrich des Mittlern von Gotha nach dem Schloß Tenneberg, und es verbreitete sich das Gerücht, sie sei eine Königin von England, und zwar die geschiedene Gemahlin König Heinrichs VIII., Anna von Cleve, deren Tod zwar überall verkündet worden, die aber aus harter Gefangenschaft geflohen sei und sich in den Schutz des gütigen deutschen Fürsten begeben habe. Sie musste auf Tenneberg viel Hartes dulden, denn es war ruchbar geworden, dass sie nicht die sei, für die sie sich ausgegeben habe, und sie lebte auf Tenneberg nicht wie eine Freie, sondern wie eine Gefangene. In jedem Verhör sagte sie etwas anders aus, was ihre Lage sehr erschweren musste. Endlich wurde sie wahnsinnig und erlitt harte Anfechtungen, sie drohte sich selbst zu ermorden, und der Amtmann auf Tenneberg lebte der Überzeugung, dass der böse Feind sie versuche und ihr auf alle Weise zusetze. Deshalb kam es so weit, dass der Scharfrichter von Jena nach Tenneberg verschrieben wurde, sie peinlich anzugreifen, wenn sie nicht bekenne. Nun bekannte sie manches und viel von dem Teufel, der ihr erschienen sei und ihr alles Unglück angedroht habe. Der Henker spannte sie auf die Leiter und streckte sie, doch blieb sie bei dem, was sie zuletzt ausgesagt, nämlich, dass sie eine unehelich geborne Tochter des Herzogs von Cleve sei, und eine Vertraute der Königin Anna. Darauf blieb sie auch in nachfolgenden Verhören, und wenn man sie in Stücken reißen ließe'. Sie saß auf Tenneberg in einem gemauerten Gewölbe, und trug ein langes weißes Kleid. Nie hat man späterhin von ihr gehört, noch gesehen, mit einem Mal war alles still. Keiner weiß, ob sie auf Tenneberg gestorben, oder ob sie von dort entkommen ist, halb verklungen und fast mythisch lebt nur noch das Andenken an sie im Volk.*

Selbst einem regierenden Herzog zu Gotha scheint die Sage zeitweilig schlaflose Nächte bereitet zu haben. Das »mythisches Andenken« der geheimnisvollen Dame war offenbar nicht nur im Volk, sondern auch in den höchsten Kreisen der Gesellschaft sehr lebendig. Jedenfalls gab Herzog August von Sachsen-Gotha zu Beginn des 19. Jahrhunderts den Befehl, auf Schloss Tenneberg Grabungen und Nachforschungen anzustellen. Vor allem wurde ein verborgener Kerker gesucht, in dem man das Gerippe jener Frau zu finden hoffte. Etliche Wochen lang stellten des Herzogs Experten das Schloss »auf den Kopf«. Aber es kam, wie es kommen musste. Zur großen Enttäuschung des Regenten fand man keinerlei Spuren der falschen Königin. Viel später zeigte sich, dass die wahre Geschichte nicht auf dem Tenneberg, aber in

Anna von Kleve und der vermeintliche Kerkerturm auf Schloss Tenneberg.

den Gothaer Archiven aufzuspüren war. Sowohl über die Verhöre der »Dame aus England« wie auch über ihre Haftbedingungen auf Schloss Tenneberg liegen dort Unterlagen, die uns heute ein genaueres Bild geben.

Als die geheimnisvolle Dame 1559 in Gotha auftauchte, war die tatsächliche Königin Anna bereits seit zwei Jahren tot. Da Anna nach ihrer Scheidung von Englands König Heinrich VIII. zurückgezogen gelebt hatte, war dies in Deutschland kaum bekannt, was sich die geschickte Hochstaplerin zunutze machte. Ebenso das Mitgefühl, dass sie als geschiedene Gemahlin des wegen seiner sechs Ehen verrufenen Königs erwarten konnte. Auch ihre Behauptung, über gewaltige Reichtümer (unter anderem Schmuck und 25 Tonnen Gold) zu verfügen, blieb nicht ohne Wirkung. Hinzu kam, dass sie verblüffende Kenntnisse über Familienverhältnisse und höfisches Leben hatte. Ja, sie wies körperliche Besonderheiten der Zehen- und Fußform auf, die ihre Zugehörigkeit zur Familie von Cleve zu bestätigen schienen. Das führte während der Untersuchungen zur Vermutung, sie sei vielleicht eine uneheliche Schwester der wahren Königin Anna. Sicher ist indes, dass sie wie Anna von Cleve aus Westfalen stammte und viele Jahre im Dienst der Königin gestanden haben muss. Obwohl sie sich bei den Verhören mit immer neuen Erfindungen und »Beweisen« zu verteidigen suchte, wurde sie schließlich als Betrügerin überführt. Zu lebenslanger Gefangenschaft verurteilt, hat die »gefangene Weibsperson« das Waltershäuser Schloss lebendig nicht mehr verlassen, wie aus den Akten hervorgeht. Dass sie dort lebendig eingemauert worden sei, wie man bis heute erzählt, ist hingegen eine sagenhafte Übertreibung. Als Stätte des grausamen Geschehens wird gern ein fensterloses »Turmverlies« an der Südostseite des Schlosses gezeigt. Dabei handelt es sich jedoch um einen sogenannten Stützturm, der einst zur statischen Stabilisierung der im 16. und 17. Jahrhundert zu einem Jagdschloss umgebauten alten Burganlage errichtet worden war.

Tatsächlich gewährte der genasführte Herzog Johann Friedrich der dreisten Hochstaplerin vorzügliche Haftbedingungen, wie sie gewöhnlich nur Standespersonen zukamen. So konnte sie zeitweilig mit der Familie des Tenneberger Amtsmanns an deren Tisch speisen. Rechnungen belegen, dass sie sich regelmäßig Bücher aus Nürnberg schicken lassen und zum Zeitvertreib ein Schoßhündchen halten durfte. Im Mai oder Juni 1563 starb die Gefangene und wurde auf dem Waltershäuser Friedhof bestattet. Ihr Alter schätzte man damals auf 50 bis 60 Jahre. Genau bekannt geworden war dies aber ebenso wenig wie ihr Name und ihre tatsächliche Biografie. Im Leben von Betrug und Geheimnissen umgeben, folgte nach ihrem Tode eine neue Karriere, die ihr bis heute eine gewisse Bekanntheit verschafft – als weiße Frau von Schloss Tenneberg.

Sehenswert & sagenhaft

Schloss Tenneberg mit Heimatmuseum
in Waltershausen (Landkreis Gotha)

Die Kröte am Rathaus

Von der sagenhaften Verwandlung eines mittelalterlichen Schandsteines

WER die Marktseite des Rathauses von Neustadt/Orla betrachtet, wird das merkwürdige Gebilde rechts neben dem Eingang kaum übersehen: Ein rundbuckliger Stein, der an einem eisernen Bügel hängt. Beim genauen Hinschauen werden Konturen einer Kröte und zweier Schlangen sichtbar. Wie ein Fremdkörper wirkt der Stein an der prächtigen spätgotischen Fassade. Doch er hat hier seit Jahrhunderten seinen angestammten Platz, und jeder Neustädter, der auf sich hält, kann einem erklären, was es damit auf sich hat. Auch wenn Arthur Hoffmann, der Bürgermeister der Stadt, Gäste durch sein schmuckes Rathaus führt, darf die Sage nicht fehlen. Jeder erzählt sie mit seinen Worten, doch in ihren Grundzügen noch immer so, wie sie erstmals 1841/43 in der Arnstädter Zeitschrift »Thuringia« veröffentlicht worden ist:

An der Abendseite des Rathauses zu Neustadt an der Orla hängt an einer eisernen Kette ein steinernes Brot, worauf eine Kröte sitzt. Ein wohlhabender Neustädter Bürger hatte noch bei rüstigen Jahren seinen Kindern Haus und Hof übergeben, ihn selbst aber sollten sie bis zu seinem Tode ernähren und pflegen. Eine Weile ging das auch recht gut. Aber der alte Vater lebte den Kindern zu lange. Sie hielten ihn später immer schlechter und verschlossen ihm endlich gar das Brot. Als nun der alte Mann zuletzt dem Hunger und Kummer erlegen und gestorben war, fanden seine Kinder im Brotschrank auf dem Brotlaib eine große giftige Kröte sitzen, und sooft sie Brot buken und in den Schrank taten, war auch die Kröte da. Zur Warnung für alle bösen Kinder ließ deshalb der Magistrat in Neustadt ein Brot, worauf eine Kröte sitzt, in Stein aushauen und an dem Rathause öffentlich aufhängen. Später wurde dieser Stein den am Pranger ausgestellten Feld- und Gartendieben angehangen, und das sollte eine Schärfung ihrer Strafe sein.

Wer die anrührende Geschichte zu hören bekommt, sieht das mittelalterliche Relikt plötzlich mit anderen Augen. Sich einen armen Sünder mit diesem Schandstein am Pranger schmachtend vorzustellen, ist nicht sonderlich schwer. Der Fall des Alten, der seinen Kindern zu lange lebt, klingt ebenfalls ziemlich realistisch. Doch nicht nur Kinder haben sofort die Frage auf den Lippen: Ist das alles wirklich so gewesen?

Mit ihrem berühmten Satz »Das Märchen ist poetischer, die Sage historischer« haben die Gebrüder Grimm der Sage bekanntlich historische Glaubwürdigkeit zuerkannt. Dennoch ist bei der Suche nach der »historischen Wahrheit« Vorsicht geboten. Sagen sind Geschichten, in welchen die Geschichte mitunter geradezu auf dem Kopf steht. Die Neustädter Story ist dafür ein Beispiel.

Vom Rathaus zum Stadtmuseum und Archiv von Neustadt/Orla sind es nur wenige Schritte. Hier gibt es das Original der steinernen Kröte – am Rathaus befindet sich ein Duplikat – und mancherlei Einblicke in die Geschichte der Stadt. Der Krötenstein ent-

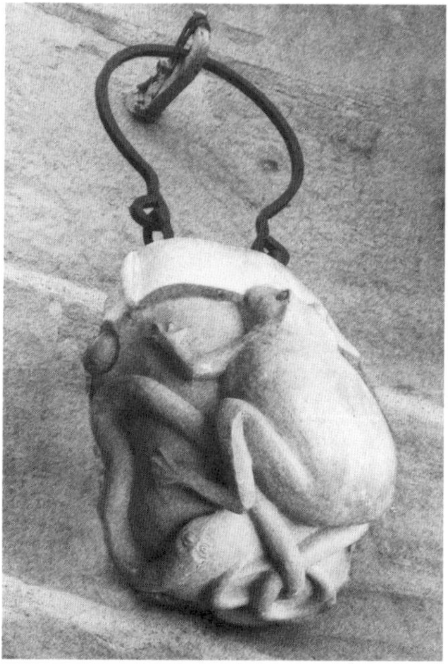

Brotlaib mit Kröte –
zur Warnung für alle bösen Kinder in Stein gehauen.

puppt sich als eines jener im Mittelalter und in der frühen Neuzeit weit verbreiteten Straf- und Zuchtmittel. Neustadt/Orla erwarb 1411 die Nieder- und 1483 die Hochgerichtsbarkeit. In dieser Zeit wird auch hier die ganze Palette der oft grausamen, zumindest sehr strengen mittelalterlichen Strafmethoden angewandt worden sein. Eine der Strafen war, auf dem Marktplatz am Pranger stehen zu müssen und von jedermann gezüchtigt und traktiert zu werden.

Das zählte im Unterschied zu schweren Leibes- und Lebensstrafen zu den mildesten Sanktionen. Mit dem Schandstein wurden vielerorts vorzugsweise die »Weibsbilder gnädiglich gezüchtigt«. Die Steine hatten gewöhnlich eine ovale Schüsselform, mitunter auch die Form einer Katze, einer Flasche oder andere symbolische Gestaltungen. Diese weisen auf die zu ahndenden Delikte hin. Steine mit Katzenbild, sogenannte Haderkatzen, mussten beispielsweise jene tragen, die durch ungebührliches Zanken, Lästern und Prügeln Ärgernis erregt hatten. Prangersteine in Flaschenform waren für »unverbesserlich Trunkfällige« gedacht. Welche Bedeutung Kröte und Schlangen auf dem vermutlich im 14. Jahrhundert entstandenen Neustädter Schandstein hatten, ist nicht überliefert. Möglicherweise sollten sie, als abstoßend und giftig geltend, die Strafwirkung des Steins symbolisch verstärken.

Wie lange das Schandstein-Tragen in Neustadt/Orla praktiziert wurde, ist nicht bekannt. Schon 1729 verlor der Rat die höhere Gerichtsbarkeit, 1817 die niedere. Und im Laufe der Zeit verblasste offenbar auch die Erinnerung an die ursprüngliche Bedeutung des mittelalterlichen Relikts. Da dieses aber durch seinen exponierten Platz am Rathaus weiter präsent war, beschäftigte es die Phantasie. Das merkwürdige Steingebilde verlangte nach Erklärung und wurde so zum Ausgangspunkt einer Sage. Dabei kommt der alte Aberglaube zum Tragen, dass demjenigen, der seine Eltern misshandelt, eine Kröte aus dem Mund wachse. Zugleich fließt handgreifliche Alltagserfahrung in die Erzählung ein. Generationenkonflikte hat es schon immer gegeben. Fälle wie die jenes wohlhabenden Bürgers und seiner pflichtvergessenen Kinder werden auch in Neustadt/Orla mehr als einmal Stadtgespräch gewesen sein. Erzählenderweise wird der Stein zum Brotlaib, die darauf hockende Kröte zum giftigen Menetekel. Von wem auch immer in Worte gefasst, entsteht eine spannende Geschichte, die ihre pädagogische Absicht nicht verleugnet.

»Ist das alles wirklich so gewesen?« Eine Frage, die nicht ohne weiteres mit ja oder nein zu beantworten sein dürfte. Sagen wollen berichten, erklären, unterhalten und geben interessante Einblicke in das Denken und Fühlen unserer Altvorderen. Aber sie tun dies oft auf eine sehr merkwürdige, sozusagen kopfstehende Art. Die Sage von der steinernen Kröte interpretiert die Entstehung des Neustädter Schandsteins historisch falsch, doch gerade daraus scheint ihre poetische Kraft zu erwachsen. In Neustadt/Orla ist diese Geschichte jedenfalls bis heute lebendig geblieben, und auch die Gäste der Stadt lassen sich gern von ihr faszinieren.

Einen gewissen Respekt haben die Neustädter vor der berühmten Kröte noch heute. Jedenfalls konnte selbst Bürgermeister Hoffmann niemanden bewegen, sich das Prangergerät während meiner Recherchen einmal probeweise anlegen zu lassen. Also musste ich meinen Hals selbst hinhalten und gewann im Eigenversuch hautnahe Einsichten. Beispielsweise, dass einen der 24-Kilogramm-Stein zwar nicht gleich

umwirft, aber die Last doch von Minute zu Minute quälender drückt. Und dass die Kröte dem Delinquenten bei dieser Prozedur ziemlich penetrant ins Auge blickt und ihm ein Spruchband vor Augen hält, auf dem einst vermutlich mit Kreide der jeweilige Grund der Bestrafung geschrieben stand.

Sehenswert & sagenhaft

»Krötenstein«-Duplikat am Rathaus von
Neustadt/Orla (Saale-Orla-Kreis)
»Krötenstein« und Ausstellung im Museum
für Stadtgeschichte

Die Rosen der heiligen Elisabeth

Der Eisenacher Elisabethplan erinnert an ein mittelalterliches Rosenwunder

Am stillen Ort des Rosenwunders gehen viele Wartburgbesucher vorüber, ohne ihn bemerkt zu haben. Ein schlichtes Holzkreuz, ein verwunschener Brunnen, die Bronzestatue der jungen Landgräfin mit dem Rosenkorb – so zeigt sich der unterhalb der Burg im Wald versteckt liegende Elisabethplan, wenn man ihn denn gefunden hat. An diesem Platz ließ Elisabeth von Thüringen anno 1225 ein Hospital für die Ärmsten der Armen errichten. Im Alter von vier Jahren war sie, eine ungarische Königstochter, als Braut des künftigen Landgrafen auf die Burg gebracht worden. Vierzehnjährig heiratete sie den sieben Jahre älteren Ludwig, mit fünfzehn schenkt sie einem Thronfolger das Leben, in den nächsten Jahren zwei weiteren Töchtern. Den Spielregeln der Herrschaftselite, der sie angehörte, mochte sie indes nicht folgen. Sie erregte Ärgernis am Hof, da sie lieber mit ihren Mägden aus einer Schüssel aß, statt an der fürstlichen Tafel zu speisen. Dem Vorbild des heiligen Franziskus folgend, verkaufte sie ihren Schmuck, ihre prächtigen Gewänder, verschenkte freigiebig Nahrungsmittel an Bedürftige, pflegte mit eigener Hand die Aussätzigen. Als sie ihr erstes Hospital gründete, war die Fürstin 19 Jahre alt und hatte noch fünf Lebensjahre vor sich.

Obwohl von dem Bauwerk nur die kürzlich von Archäologen wiederentdeckten Fundamentreste vorhanden sind, hält der schlichte Waldplatz auf seine Weise die Erinnerung an Elisabeths segensreiches Wirken wach – und an die berühmte Sage vom Rosenwunder: *Als der Landgraf Ludwig einmal von Eisenach nach der Wartburg zurückkehrte, sah er unterwegs die heilige Elisabeth mit einer ihrer liebsten Jungfrauen stehen. Beide kamen von der Burg herab und waren mit allerlei Speisen und Nahrungsmitteln sehr beladen. Die trugen sie in Krügen und Körben unter ihren Mänteln, um sie den Armen zu bringen, die ihrer unten im Tal harrten. Der Landgraf sprach, indem er ihnen die Mäntel zurückschlug: »Lasset sehen, was ihr da traget!« Dabei aber wurden die Speisen zu Rosen. Elisabeth war darüber so heftig erschrocken, dass sie keine Worte fand. Ihrem Gemahl tat der Schrecken, den er ihr verursacht hatte, gar leid. Gerade wollte er ihr ein freundliches Wort sagen, als auf ihrem Haupt das Bild des gekreuzigten Heilands erschien. Da wollte er die heilige Elisabeth nicht länger aufhalten; er ließ sie ihren Weg gehen und den Kranken und Armen nach ihrem Gefallen Gutes tun.*

So überlieferte Johann Burckhardt Mencke um 1728/30 die Episode. Der wohlwollenden Unterstützung durch ihren Gemahl, Landgraf Ludwig II., konnte sich Elisabeth nicht auf Dauer erfreuen. Bereits 1227 fand Ludwig auf dem Kreuzzug einen frühen Tod. Den höfischen Intrigen nun schutzlos ausgesetzt, verließ sie mit ihren Kindern die Wartburg und setzt ihr karitatives Wirken in Marburg fort. Als Elisabeth hier 1231 im Alter von 24 Jahren starb, nahm die Geistlichkeit zügig Kurs auf ihre Heiligsprechung. Dazu mussten vor allem die von ihr vollbrachten Wunder belegt werden. Mehr als hundert Wundertaten wurden von Zeugen zu Protokoll gegeben, so dass Elisabeth bereits 1235 von Papst Gregor IX. heilig gesprochen werden konnte. Von der Verwandlung des Brotes in Rosen ist in den Protokollen der Heiligsprechungskommission allerdings nichts zu lesen. Auch in den ersten Lebensbeschreibungen kommt diese wundersame Begebenheit nicht vor. Doch die Legendenbildung um die beliebte Heilige war bereits in vollem Gange. Mitte des 13. Jahrhunderts schrieb ein Franziskanermönch aus der Toskana eine blumige Geschichte über Elisabeth nieder: Wie sie als kleines Mädchen heimlich Speisen aus der Küche zu den Armen getragen habe, und diese sich, als sie ertappt wurde, in ihrer Schürze in Frühlingsblumen verwandelt hätten. Die Geschichte verbreitete und veränderte sich. Rund einhundertfünfzig Jahre später war daraus die Rosenwunderlegende, wie wir sie kennen, geworden. Seit dem ausgehenden Mittelalter wird die heilige Elisabeth nun auch auf Bildern oft und gern mit Rosen dargestellt. Am bekanntesten ist wohl das Fresco Moritz von Schwinds auf der Wartburg.

Historisch ist die sagenhafte Begegnung zwischen Elisabeth und ihrem Gemahl jedoch nicht. In der Realität hatte es die Fürstin gar nicht nötig, Brot heimlich aus der Burg zu tragen, denn Landgraf Ludwig IV. unterstützte ihr karitatives Wirken von Anfang an uneingeschränkt. Wie sonst hätte sie im Hungerjahr 1226 gegen den Widerstand ihrer Vögte und Verwal-

In den Zeugenaussagen ihrer Dienerinnen ist vom Rosenwunder nicht die Rede.

ter zeitweilig Hunderte Bedürftige mit Lebensmitteln des Landgrafenhofes versorgen können? Und trotzdem steckt in der Legende mehr als nur ein Körnchen Wahrheit, versinnbildlicht doch die wundersame Verwandlung des Brotes in Rosen einen wichtigen Wesenszug dieser bemerkenswerten Frau. Das Wunder will sagen: Aber Gott steht trotz aller Widerstände auf Elisabeths Seite! Und welche Blumen würden für die Heilige der Nächstenliebe besser passen als Rosen, Symbol der Liebe. So ist es kein Zufall, dass sich die alte Sage vom Rosenwunder bis heute großer Popularität erfreut. Sie dürfte nicht unmaßgeblich dazu beigetragen haben, dass Elisabeth weit über Ungarn und Deutschland hinaus verehrt wird und in Thüringen als bekannteste und beliebteste Heilige gilt.

Sehenswert & sagenhaft

Fresco Moritz von Schwinds (19. Jhd.) in der
Elisabeth-Galerie der Wartburg
Elisabethplan unterhalb der Wartburg mit
Brunnen, Rosenwunder-Denkmal und den
rekonstruierten Grundmauern des Hospitals

Ein tollkühner Ritt vom roten Stein

Wie der Rothensteiner Trompeterfelsen zu seinem Namen kam

DER Rothensteiner Trompeterfelsen gilt Wanderern als einer der schönsten Aussichtspunkte im mittleren Saaletal. Für Reisende und Fuhrleute ist er hingegen immer ein gefährliches Verkehrshindernis gewesen, an dem sich schon früher häufig Unglücksfälle ereigneten. Jahrhunderte lang mussten die Fuhrleute dem steil zur Saale abfallenden Sandsteinkoloss ausweichen. Erst zu Beginn des 18. Jahrhundert ließen Nürnberger Kaufherren einen einspurigen Fahrweg in den Fels sprengen, im 19. Jahrhundert kam die Bahnlinie hinzu. Obwohl die Trasse seither ständig ausgebaut wurde, ist Rothenstein bis heute Synonym für eine Gefahrenstelle geblieben. Seinen romantischen Namen verdankt der Fels der Sage von einem schwedischen Trompeter, der das Hindernis einst auf ungewöhnliche Weise überwunden haben soll.

Ein Bild des berittenen Trompeters schmückt seit Jahrzehnten die Fassade der Rothensteiner Grundschule. Kein Wunder also, dass im Ort noch heute jedes Kind diese Geschichte kennt. Und die Älteren sowieso. Heimatverbundene Bürger haben die Naturschönheiten des jahrzehntelang militärisch genutzten Felsens wieder der Öffentlichkeit zugänglich gemacht. Wer vom Aussichtspunkt, der sogenannten Bastei, hinab zur Saale blickt, wird freilich zweifeln, dass jemals hier jemand zu Pferd oder zu Fuß mit heilen Knochen zu Tale gelangt sein soll. Und doch hat es einen tollkühnen Ritt vom »roten Stein« hinab zur Saale offenbar wirklich gegeben. Der Reiter war allerdings weder Schwede noch Trompeter, auch hat sich die Sache nicht im Dreißigjährigen Krieg abgespielt. Eine Landkarte aus der Zeit vor diesem Ereignis zeigt bereits oberhalb von Rothenstein das Bild eines springenden Reiters. Wir haben es hier mit einem Musterbeispiel dafür zu tun, wie aus einem durch Chroniken überlieferten historischen Vorfall eine Sage entsteht, und wie diese beim Weitererzählen oft drastisch verändert wird.

Historischer Ausgangspunkt ist eine der zahlreichen Fehden zwischen Vertretern des Adels und der mächtigen Reichsstadt Erfurt im ausgehenden Mittelalter. Im 16. Jahrhundert berichtet Cyriakus Spangenberg in seiner Mansfeldischen Chronik, dass bei Rothenstein »da oben von der Höhe etwan Apel von Geilingen, der Reichsstette Feind (als ihn die von Erffurd gejagt) mit einem Gaul hinab in die Sala gesprengt, durchgeschwommen und davon gekommen«. Diese Schilderung klingt unwahrscheinlich, doch ist zu bedenken, dass der zur Saale abfallende Hang erst seit dem 18. Jahrhundert durch den Straßen- und Eisenbahnbau sowie zahlreiche Sprengungen zur Bergsicherung sein heutiges Steilprofil erhielt. Ursprünglich war der Fels weniger schroff. So ist nicht auszuschließen, dass der verfolgte Ritter Apel einst über Stock und Stein halsbrecherisch vom Berg hinab zur Saale gelangen konnte.

Die Gebrüder Grimm nahmen des Ritters Abenteuer 1817/18 in ihre Sammlung »Deutsche Sagen« auf. Allerdings hat der Held hier einen anderen Namen: *Thalmann von Lunderstedt lebte in Feindschaft mit Erfurt, der Hauptstadt von Thüringen. Einmal wurde dieser Ritter von seinen Feinden zwischen Jena und Kahla an der Saal bei dem Rothenstein hart bedrängt, also daß es unmöglich schien zu entrinnen. In der Not sprengte aber Thalmann mit dem Gaul vom Felsen in die Saal und entkam*

Hat ein Reiter einst tatsächlich den Steilhang des Trompeterfelsens bezwungen?

glücklich. Dem Thalmann hatte es geglückt; Hunderttausenden sollt es wohl nicht glücken.

Als das berühmte Sagenbuch der Gebrüder Grimm erschien, erzählte man die Geschichte in Rothenstein und Umgebung freilich längst in einer neuen, veränderten Form – als herzergreifende Sage vom schwedischen Trompeter. Hier eine 1874 von J. G. Th. Grässe im »Sagenschatz des Königreiches Sachsen« veröffentlichte Version: *»Am Fuß des Rotenberges … zieht sich links die Straße an einer steilen Felswand hin, an welcher eingehauene Hufeisen das tragische Schicksal eines jungen hübschen schwedischen Trompeters, Namens Axel von Gellingen, auf die Nachwelt gebracht haben. Besagter Trompeter hatte eines Tages von seinem Regiment, welches hinter Jena bei Kahla herumstand, eine Botschaft nach dem Truppentheile auf dem anderen Ufer der Saale zu überbringen. Er machte sich also in einer mondhellen, herrlichen Sommernacht auf, um den mehrmals schon gemachten Weg abermals zu durchmessen. Allein diesmal sollte es nicht so gelingen. Bei dem hellen Mondlicht gewahrten ihn feindliche patrouillierende Reiter, die wohl vermuthend, daß er eine wichtige Botschaft trage, ihm nachsetzten. Mit Windeseile jagte er dahin, seine Verfolger immer hinter ihm her. Da sah er ein Wäldchen vor sich. Schnell jagte er hinein, dort Schutz suchend. Allein plötzlich bäumte sich sein Roß, er stand vor einem Abgrund auf hoher Felsenwand und schon hörte er die Hufschläge der ihm nachsetzenden Rosse hinter sich. Er wagte todesmuthig den kühnen Sprung in die Saale. Sein treues Pferd trug ihn unverletzt bis ans jenseitige Ufer, wo es aber todt vor Erschöpfung niedersank. Er nahm aber seine Trompete zur Hand und schmetterte laut das Lied »Nun danket alle Gott«*

hinaus in die Ferne... Da traf ihn die wohlgezielte Kugel eines Kroaten vom linken Ufer. Er sank lautlos zu Boden, und so fanden ihn seine Kameraden am anderen Tage. Noch hielt er mit der einen Hand seine Trompete, die andere ruhte auf seiner Brust, wo er seine Botschaft versteckt hatte.«

Wie mag sich die Verwandlung eines streitbaren Thüringer Ritters in die tragische Gestalt des schwedischen Trompeters vollzogen haben? Dafür sind mehrere Ursachen zu nennen. Wie die Sagenkunde lehrt, werden beim Erzählen sehr oft Geschehnisse aus lange zurückliegenden Zeiten mit jüngeren geschichtlichen Ereignissen in Verbindung gebracht. In unserem Fall waren die Erinnerungen an das mittelalterliche Geschehen offensichtlich verblasst; umso lebendiger aber diejenigen, die der verheerende Dreißigjährige Krieg auch in Rothenstein hinterlassen hatte. Unbewusst wurde die alte Reitersprung-Episode in diese Zeit verlagert.

Bei der merkwürdigen Verwandlung war aber mit Sicherheit auch eine Wandersage beteiligt. Trompeterfelsen gibt es in deutschen Landen zuhauf, in Lettin bei Halle, im Rabenauer Grund bei Seifersdorf, in Rheder am Rhein... Überall erzählt man fast gleichlautend vom tragischen Schicksal jenes schwedischen Trompeters. Eine dramatische Geschichte, die einst von Mund zu Mund wanderte. Und wo die örtlichen Gegebenheiten entsprechend waren, wurde sie heimisch. So auch in Rothenstein, wo der markante Felsen wie auch die Erinnerung an die alte Überlieferung vom verfolgten Ritter ideale Anknüpfungspunkte boten. Dadurch konnte die romantische Wandersage hier zu einer fest verwurzelten, in immer neuen Versionen erzählten Heimatsage werden.

Es war zu Gott sein letzter Gruß!
Denn als er ausgeblasen,
Da traf von oben ein feindlicher Schuß
Und streckt ihn tot auf den Rasen.
Fern seinen Kameraden starb er allein.
Das war der Trompeter von Rothenstein!
Hermann Otte

Sehenswert & sagenhaft

Vom Ort Rothenstein führt ein Fußweg in ca. 15 min zum Aussichtspunkt »Bastei«. In den Stein eingehauene, fast unkenntliche »Hufeisen« am Fuß des Berges.

Das magische Loch

Thüringens bekanntestes Nadelöhr lockt zum Durchkriechen

IRGENDWAS an diesem steinernen Gebilde scheint magisch anzuziehen. Zuerst und sehr spontan die Kinder. Die meisten Erwachsenen zögern zunächst, aber viele können der Versuchung letztlich nicht widerstehen. Statt bequem auf dem von Ilfeld kommenden Goetheweg zu bleiben, mühen sich Wandersmann und -frau freiwillig durch das oberhalb des Weges befindliche Hindernis. Man quetscht, schiebt oder drückt sich durch Thüringens bekanntestes Nadelöhr. Je nach Körperfülle ist das mehr oder weniger quälend, zugleich aber irgendwie lustvoll. Auch mir saß beim Durchkriechen der Felsspalte ein paar Atemzüge lang die Angst im Nacken, Platzangst, Angst davor, jämmerlich stecken zu bleiben. Umso erlösender das Gefühl, endlich hindurch zu sein.

Wie mag das bizarre Naturdenkmal entstanden sein? Und woher kommt der merkwürdige Brauch des Hindurchkriechens? »Dieses Naturdenkmal besteht aus roten Porphyrit, einem Gestein vulkanischen Ursprungs«, erklärt mir ein Ilfelder Wanderführer. »Porphyrit ist ziemlich hart, neigt aber zur Spaltenbildung. Aus einer solchen Spalte wird das Nadelöhr entstanden sein. Dabei haben Wasser und andere Natureinflüsse kräftig mitgewirkt.« Soweit die naturwissenschaftliche Erklärung. Doch auch in »vorwissenschaftlicher« Zeit bewegte die Herkunftsfrage schon die Gemüter. Um das Unerklärliche zu erklären, bediente sich der Volksglauben bekanntlich gern mythischer Wesen und Sagengestalten. Ungewöhnliche Felsbildungen wurden vorzugsweise den Riesen zugeschrieben. So auch hier: *Vom Ursprung dieses Steins gibt der gemeine Mann vor: Ein Hüne sei einstmals etliche Meilen Wegs gereist; als er nun hinter Ilefeld gekommen, habe er gefühlt, dass ihn etwas in dem einen Schuh drücke, ihn also ausgezogen und diesen Stein drin gefunden. Darauf habe er den Stein an den Ort, wo er noch liege, geworfen.* Eine Erklärung für den Spalt im Felsen gibt die von den Brüdern Grimm überlieferte Sage erstaunlicherweise nicht. Obwohl es gerade jenes Nadelöhr ist, das die Phantasie der Harzbewohner und -reisenden immer wieder beschäftigte.

Ob sich auch Goethe, der den Weg auf seiner Harzreise mit Pferd und Mantelsack passierte, durch die legendäre Felsspalte zwängte, ist nicht überliefert. Der Sage nach versuchte es in grauer Vorzeit jedoch ein anderer Prominenter – und blieb beinahe darin stecken: *Einstmals hatte Graf Ilger bei Ilfeld eine feste Burg, von der aus er den Reisenden auflauerte, sie beraubte und oft auch tötete. Als er eines Tages Graf Konrad von Beichlingen ermordete, war das Maß der Sünden voll. Ein schweres Unwetter entlud sich über der Burg, das Flüsschen Behre schwoll so gewaltig an, dass die Wassermassen das Raubnest wegspülten. Alle Fluchtwege schienen versperrt, nur der Weg durch das Nadelöhr war noch möglich. Als der Raubritter sich mit letzter Kraft durch den Spalt gequält hatte, sank er auf die Knie und bat Gott um Verzeihung. Reumütig ver-*

sprach er Besserung und gelobte, an der Stelle seiner letzten Mordtat ein Kapellchen mit einer ewigen Lampe zu errichten. Aus dieser Kapelle entstand später das Kloster Ilfeld.

Unschwer zu erraten, wer diesen atemberaubenden Krimi gestrickt hat und das Nadelöhr so mit der Entstehung des 1189 von Graf Elger II. von Ilfeld-Hohenstein gestifteten Ilfelder Prämonstratenserklosters in Zusammenhang brachte. Jedes Kloster hat seine Gründungslegende, und dem wollten die findigen Ilfelder Mönche offenbar nicht nachstehen. Während die Sache mit dem versperrten Fluchtweg ihrer Phantasie entsprungen sein dürfte, haben sie auch verbürgte Tatsachen in die Legende einfließen lassen. Die Chronik berichtet zwar nicht von Raubritterei, doch immerhin von einem Zweikampf zwischen Graf Elger I. und seinem Vetter Konrad von Beichlingen. Dabei wurde Konrad getötet, und Ilger musste die Bluttat sühnen. Der Tatort, an dem später das Kloster Ilfeld entstand, ist auch heutzutage noch kenntlich. Im Klinikpark flackert in einem modern gestalteten Monument die »ewige Lampe«. Rührige Ilfelder Bürger haben das sagenhafte Licht im Jahre 2002 wieder zum Leben erweckt.

Die bekannteste Überlieferung zum Ilfelder Nadelöhr ist aber jene, die von einem uralten Brauch der Harzfuhrleute erzählt. Bereits in dem 1703 erschienen Werk »Herzynia Curiosa« des Nordhäuser Apothekers G. H. Behrens verzeichnet, übernahmen sie die Grimms in ihre Sammlung »Deutsche Sagen«: *Bei dem Kloster Ilefeld, zur linken Hand gleich bei dem Harzfahrwege, steht aus einem hohen Berg ein starker Stein her-*

vor, der in seiner Mitte eine enge und schmale durchgehende Höhle hat. Alle Knechte aus Nordhausen und den umliegenden Örtern, wann sie das erstemal in den Harzwald hinter Ilefeld nach Brennholz fahren, müssen durch dieses Nadelöhr dreimal kriechen, mit großer Müh und Beschwerde, und werden beim Ein- und Auskriechen von ihren Kameraden dazu mit Peitschenstielen tapfer abgeschlagen. Wollen sie die Kurzweil nicht ausstehen, so müssen sie sich mit Gelde loskaufen. Die Obrigkeit hat diese Sitte schon mehrmals bei ziemlicher Strafe, aber fruchtlos verboten, und der Knecht, der sich dem Brauch entziehen will, hat vor seinen Kameraden keinen Frieden und wird nicht bei ihnen gelitten...

Das Durchkriechen des Ilfelder Nadelöhrs hat also eine jahrhundertlange Tradition. Wie mag der merkwürdige Ritus entstanden sein? Auf den ersten Blick scheint es sich um einen sogenannten Hänselbrauch zu handeln, wie er in Kaufmannsgilden und Handwerkerzünften einst weit verbreitet war. Um in die Gemeinschaft aufgenommen zu werden, musste man irgendeine seltsame Tortour über sich ergehen lassen. So bekamen Kaufleute, die auf der Fahrt zur Frankfurter Messe erstmals im hessischen Seligenstadt rasteten, einen riesigen Löffel mit einer Kette um den Hals gehängt. Dieser fasste einen Liter Wein und musste – was bei einem Löffel wirklich schwierig ist – in einem Zug geleert werden. Wer es nicht schaffte, musste die »Compagnie« freihalten. Erst dann wurde man Mitglied der Gilde. Diese Zeremonie wird beim traditionellen Stadtfest in Seligenstadt noch immer gepflegt. In Ilfeld scheint die Obrigkeit in dem Hänselbrauch damals hingegen eher eine Unsitte gesehen und sie durch Verordnungen zu unterbinden versucht haben. *»Der Amtmann will, er soll nicht sein; Allein was hilft ihm Droh'n und Schrei'n?«* heißt es in einem alten Gedicht. Witterte die Obrigkeit Aberglaube, gar Abgötterei oder Magie?

In der Tat sind solche Durchkriechbräuche ih-

Das Nadelöhr bei Ilfeld – wer hindurch ist, hat gut lachen.

rem Ursprung nach magische Handlungen, die der Heilung des Körpers, dem Erwachsenwerden, der Fruchtbarkeit und Sexualität dienen sollten. Auch Vorstellungen vom Reinigen der Seele, von Verjüngung und Wiedergeburt sind mancherorts damit verbunden. Viel Zuspruch findet auch heutzutage die »Bucklwehlucka« im oberösterreichischen St. Thomas. Es heißt, beim Durchkriechen dieser engen Felsspalte könne man seine Krankheiten, insbesondere Rückenschmerzen, abstreifen. Von einem Felsgang bei St. Wolfgang im Salzkammergut ist überliefert, dass die Frauen durch ihn schlüpften, um später eine glückliche Geburt zu haben. Auf Papua Neuguinea schließlich gehörte das Durchkriechen zur Initiation, zur rituellen Aufnahme der Heranwachsenden in den Kreis der Erwachsenen. Und etwas in dieser Art scheint auch der Ilfelder Fuhrmannsbrauch gewesen zu sein.

Wer mehr darüber erfahren will, sollte sich selbst auf den Weg begeben. Von der Ilfelder Kirche am Georgsplatz aus, vorbei an der »ewigen Lampe«, geht man talaufwärts etwa eine Viertelstunde. Der rötliche Felsblock mit dem Nadelöhr wirkt auf den ersten Blick ziemlich abweisend und unscheinbar. Seine Magie erschließt sich dem Suchenden erst im Durchkriechen.

Sehenswert & sagenhaft

Naturdenkmal »Nadelöhr« bei Ilfeld/Südharz
(Landkreis Nordhausen),
»Ewige Lampe« im Park der Neander-Klinik Ilfeld

Literaturhinweise

AUFFAHRT, FR.: Rothenstein und der Trompeterfelsen, Kahla o.J.

BÄCHTOLD-STÄUBLI, H.; HOFMANN-KRAYER, E. (HRSG.): Handwörterbuch des deutschen Aberglaubens, Berlin und Leipzig 1927–1942.

BECHSTEIN, LUDWIG: Der Sagenschatz und die Sagenkreise des Thüringerlandes, 4 Bände, Hildburghausen (Kesselring) 1835–38.

BECHSTEIN, LUDWIG: Thüringer Sagenbuch, Coburg (Georg Sendelbach) 1858, eigentlich: Wien (Hartleben) 1857.

BECK, AUGUST: Geschichte des gothaischen Landes, Gotha 1868–75.

BEHRENS, G.H.: Hercynia curiose oder curiöser Hartz Wald, Nordhausen 1703, Neudruck Nordhausen 1899.

EISENSCHMIDT, EDGAR: 950 Jahre Graitschen auf der Höhe und die Trojaburg, Graitschen 1990.

GRESS, K.: Holzlandsagen, Leipzig 1870.

GRIMM, JAKOB UND WILHELM: Deutsche Sagen, Berlin 1983.

GRIMM, JAKOB UND WILHELM: Deutsches Wörterbuch, München 1999.

HOHBERG RAINER: Thüringen – Mysteriöses, Geheimnisvolles, Sagenhaftes, Freiburg i.Br. 1998.

HOHBERG RAINER: Thüringer Burgen sagenhaft, Weimar 2000.

Hohberg, Rainer und Sylvia Weigelt: Brot und Rosen. Das Leben der heiligen Elisabeth in Sagen und Legenden, Weimar 2006.

Hoops, Johannes: Reallexikon der Germanischen Altertumskunde, Straßburg 1913 ff.

Kahl, Wolfgang: Die Kranichfelder Teilungslegende, Beiträge zur Heimatgeschichte Stadt und Kreis Arnstadt, Heft 7, 1988

Lange, Peter: Der Rothensteiner Felsen, in: Blätter des Vereins für Thüringische Geschichte e.V. 11. Jahrgang, Jena 2001, Heft 1, S. 30–32.

Manfred Oelke: Ilmtalsagen, Weimar 1990.

Mencke, Johann Burkhard: Scriptores rerum Germanicarum … , Leipzig 1728–1730.

Quensel, Paul: Thüringer Sagen, Jena 1926.

Richter, J.W. Otto: Deutscher Sagenschatz, I. Abteilung, Eisleben 1877.

Röhrich, Lutz: Sage, Stuttgart 1966.

Schramm, Rudolf: Die Mühle unter der Teufelskanzel, Greiz 1982.

Seligmann, S.: Geschichte des Aberglaubens aller Zeiten und Völker, Wien 1910.

Timpel, Wolfgang und Paul Grimm: Die ur- und frühgeschichtlichen Bodendenkmäler des Kreises Weimar, Weimar 1975.

Witzschel, August: Sagen, Sitten und Gebräuche aus Thüringen, Wien 1878.

Wucke, Christian Ludwig: Sagen der mittleren Werra, hrsg. von Hermann Ullrich, Eisenach 1921.

500 Jahre Kirche St. Ulrich in Suhl-Heinrichs, Kleine Suhler Reihe (7), Suhl 2003.